Raoul Auernheimer

Talent

Eine Komödie in drei Akten

Raoul Auernheimer

Talent

Eine Komödie in drei Akten

ISBN/EAN: 9783743350830

Hergestellt in Europa, USA, Kanada, Australien, Japan

Cover: Foto ©ninafisch / pixelio.de

Manufactured and distributed by brebook publishing software (www.brebook.com)

Raoul Auernheimer

Talent

Talent.

Eine Komödie in drei Acten.

Von

Raoul Auernheimer.

Wien 1899.
A. Bauer's Verlag.

Personen.

Kaiserlicher Rath von Medinger.
Athalie, 26 Jahre } seine Töchter.
Liane, 24 Jahre }
Dita, seine Stieftochter.
Dr. Arnold Kramer, Lianen's Gatte.
Robert von Boldenau, 33 Jahre, Gesandtschafts-Secretär.
Georg Bort, 25 Jahre, Maler.
Ugolino Cocini, 24 Jahre, Tenor.
Konrad, Kunstkritiker.
Helma von Korwinsky.
Wilhelm, Diener.
Jean, Diener.
Ein Symbolist.
Ein Schiller-Feind.
Ein geistreicher Mann.
Einige Kritiker.
Ein Polizeicommissär.
Ein Schutzmann.
Mehrere Talente.

Die Handlung spielt in Wien, in der Villa des Herrn von Medinger, im Verlaufe von 12 Stunden.

Alle Rechte vorbehalten.

Erster Act.

Ein reich und vornehm ausgestattetes Empfangszimmer. Sehr viele Bilder, Statuetten, Bronzen. Zeitschriften und Prachtwerke auf den Tischen. Rechts, links, in der Mitte Thüren. Liane sitzt an einem Tisch und stickt. Doctor Kramer geht erregt, mit erzürnter Gesticulation, einigemale auf und ab.

Liane folgt ihm mit besorgten Blicken und seufzt leicht.

Dr. Kramer [stehen bleibend]. Und ich erkläre Dir, ich halte es nicht länger aus in diesem Hause.

Liane [eine kleine, brünette, herzige Frau]. Jetzt sind wir erst zwei Tage hier — und —

Dr. Kramer. — und ich habe schon vollkommen genug. Aber vollkommen. Aber bis daher.

Liane. Aber Arnold, Du hast mir doch versprochen, daß wir unseren Hochzeitstag im Hause meines Vaters feiern würden.

Dr. Kramer. Wann hab' ich Dir das versprochen?

Liane. Am Tage vor unserer Hochzeit.

Dr. Kramer. Na siehst Du. So etwas kann man nur am Tage vor seiner Hochzeit versprechen. Mein Gott, wenn ich bedenke, daß unser Hochzeitstag erst am 29. ist — und heute haben wir den 26. Warum haben wir seinerzeit nicht am 25. geheiratet!

Liane. Du bist unausstehlich!

Dr. Kramer. So, ich bin unausstehlich? Aber zu Hause bin ich nicht unausstehlich; also reisen wir nach Hause.

Liane. Wie kannst Du nur so reden? Wo Papa sich so viel Mühe gibt, uns zu unterhalten.

Dr. Kramer. Ja, es ist wahr, er gibt sich alle Mühe, uns zu unterhalten. Er führt mich ins Theater, damit ich mich unterhalte. Er gibt mir seine Memoiren zu lesen, damit ich mich unterhalte. Er erzählt mir von den Talenten seiner Kinder, damit ich mich unterhalte. Ich unterhalte mich aber nicht. Ich unterhalte mich nicht in einem Hause, wo man den ganzen Tag über nichts Anderes hört als

Gesang, Clavierspiel und Declamationen, wo man nichts Anderes sieht als Komödianten, Maler, Sänger und Dichter, wo man von nichts Anderem spricht als von Genie, Talent, Begabung, Inspiration, wo man nichts Anderes athmet als Kunst — Kunst — Kunst.

Liane. Ach, es gibt doch nichts Schöneres als die Kunst.

Dr. Kramer. Du weißt, ich bin kein Barbar. Die Kunst ist schön, die Kunst ist unentbehrlich. Aber zum Teufel, es gibt außer der Kunst doch auch noch einige andere Dinge im Leben, die von Wichtigkeit sind!

Liane. Ach, alles Andere ist schaal.

Dr. Kramer. Da hat man's.

Liane. Du weißt doch, lieber Arnold, ich habe immer für die Kunst geschwärmt.

Dr. Kramer. Ja, ich weiß, Du und Athalie, ihr hattet schon als ganz junge Mädchen ein intimes Verhältnis mit einer Friseurin, der man nachsagte, daß sie die Wolter frisiere. Und diese Person frisierte Dich solange, bis Du eines Tages erklärtest, Du fühltest den Beruf zur Bühne in Dir. Es war gerade um die Zeit, als ich mich in Dich verliebte. Ich hatte einen schweren Kampf zu bestehen, ehe es mir gelang, den Einfluß dieser Theaterfriseurin zu brechen. Gott hat mir geholfen, und ich habe sie vernichtet.

Liane. Ach, ich und Athalie, wir l e b t e n ja nur für's Theater.

Dr. Kramer. Das ist wahr. Aber Papa, siehst Du, war in jenen Zeiten noch nicht so kunstverständig. Nein, so kunstverständig war er damals noch nicht. Er pflegte auch damals schon manchmal ein Schiller'sches Citat zu gebrauchen, das von Goethe ist. Aber, es war doch noch mit ihm zu reden. Aber jetzt ... Jetzt ist er fürchterlich gebildet. Weißt Du, dieses fabelhafte Interesse für die Kunst erwachte in ihm erst, als ihm diese große Waldspeculation glückte und er in Anerkennung seiner Million kaiserlicher Rath wurde. Seither wandelt er auf den Höhen der Menschheit und spricht über Lessing's Laokoon. Seither dichtet Deine Schwester Athalie, während sie früher nur Klavier spielte. Seither malt Dein Bruder Percy und reist „zu Studienzwecken" in Italien, während er früher nur bei uns den Weibern nachlief. Wenn Athalie nicht dichten und Percy nicht malen würde, wäre Dein Papa ein ganz erträglicher Mensch. Und — wenn dieser Cocini nicht im Hause wäre. Der hat ihm noch gefehlt, dieser italienische Tenor! Denn seither interessirt Papa sich auch noch für Musik.

Liane. Cocini ist doch so talentirt.

Dr. Kramer. Es ist wahr, das hat er mir auch schon gesagt. Weißt Du, wie man so einen Menschen ins Haus nehmen kann, das begreife ich nicht.

Liane. Aber Arnold, er ist doch der Sohn eines Cousins von Papa. Und dann, Athalie liebt ihn.

Dr. Kramer. Wie ist denn das gekommen, sag' einmal?

Liane. Sie hat ihn in einem Concerte kennen gelernt. Er war arm und schön und traurig. Sie verliebte sich in ihn. Da nahm ihn Papa ins Haus und ließ ihn ausbilden. Sie werden sich übrigens heute oder morgen officiell verloben.

Dr. Kramer. Heute oder morgen. Cocini weiß das also noch nicht genau.

Liane. Sie will nicht von ihm lassen. Sie ist ja so edel.

Dr. Kramer. Ich weiß. Sie war schon einmal so edel; aber damals war es ein Husaren-Lieutenant.

Liane. Ja, Arnold, geniale Frauen kann man nicht mit dem gewöhnlichen Maßstabe messen.

Dr. Kramer. Geniale Frauen! Laß' mich in Ruh' mit den genialen Frauen. Die meisten Frauen werden erst genial, nachdem sie gestrauchelt sind, und bleiben es dann, weil sie eine Ausrede brauchen.

K. Rath v. Medinger [starker, stattlicher Fünfziger; er spricht langsam und gemessen, wie Leute, die gewohnt sind, Gnaden auszutheilen. Eine undurchdringliche Süffisance liegt in jedem seiner Worte, spricht aus jeder seiner Bewegungen. Er hat keine Ahnung, wie lächerlich er ist]. Guten Morgen, liebe Kinder. Daß Percy nicht schreibt. Schon drei Wochen sind wir ohne Nachricht. Na, wahrscheinlich hat er keine Zeit. Er plagt sich leider sehr viel. Ja, ja. Die Leute glauben, das malt sich Alles von selber. — Wahrscheinlich arbeitet er jetzt an etwas Großem. — Was sagt Ihr übrigens, wie gut die Lorion gestern war. War sie nicht wunderbar? Wie sie diesen Charakter [anschauliche Geste] herausarbeitet.

Dr. Kramer [sucht seinen Hut]. Ja, ja, großartig war sie — glänzend —

v. Medinger [versunken]. Ja, ja . . . Sehr fein war sie . . . Richtig, Arnold, daß ich nicht vergesse, sie hat um Dich geschickt.

Dr. Kramer. Wer?

v. Medinger. Die Lorion.

Dr. Kramer. Aber ich bin doch hier — zu meiner Unterhaltung. Ich mache hier keine Besuche.

v. Medinger. Na, die Lorion wirst Du doch besuchen.

Dr. Kramer. Die Lorion! Ich weiß überhaupt nicht, wer die Lorion ist.

v. Medinger. Du weißt nicht, wer die Lorion ist? [Zu Liane.] Er weiß nicht, wer die Lorion ist.

Liane. Aber Arnold, die Lorion, die vor zwei Jahren aus Hamburg ausgewiesen worden ist. Die Lorion, die viermal verheiratet war.

Dr. Kramer. Und das viertemal sogar unglücklich; ich weiß schon. Na, die muß ich natürlich besuchen.

Liane. Soll ich anspannen lassen?

Dr. Kramer. Ja, liebes Kind. Und — weißt Du, wenn ich schon in der Stadt bin, so suche ich meinen Freund, den Doctor Robert, auf und besuche mit ihm den Aerzte-Congreß. Ihr werdet mich entschuldigen. Ich komme erst Nachmittag wieder heraus.

v. Medinger. Sieh nur daß Du Nachmittag zeitlich zurück bist. Ich habe heute große Gesellschaft. — Laß' anspannen, Lia. —

Liane. Ja, Papa. —

Dr. Kramer. Willst Du mich nicht ein Stückchen im Wagen begleiten?

Liane. Es geht nicht, Arnold; ich habe Athalie versprochen, mit ihr und Cocini spazieren zu gehen.

Dr. Kramer. Ah! Mit Cocini! Ich laß' ihn schön grüßen, Cocini. Und sag' ihm, er solle es mir nicht übel nehmen, daß ich mit Dir verheiratet bin. [Liane ab. Dr. Kramer nimmt seinen Hut.] Also, lieber Papa!

v. Medinger. Du kannst noch bleiben. Der Wagen wird ja erst angespannt [er greift in die Brusttasche]. Ich habe Dir da gleich das zweite Heft meiner Memoiren mitgebracht. Du kannst es im Wagen lesen.

Dr. Kramer. Ich habe das erste noch nicht ausgelesen.

v. Medinger. Das macht nichts. Manches im ersten Heft ist unklar, was erst im zweiten seine Erklärung findet.

Dr. Kramer. Ach so! Ich danke.

v. Medinger. Nun, und hast Du Athalie's Lieder schon gelesen?

Dr. Kramer. Noch nicht alle, Papa.

v. Medinger. Vergönne Dir Zeit.

Dr. Kramer. Ja Papa. [Zur Thüre.]

v. Medinger. Wart', da hab' ich Dir gleich noch etwas zum Lesen gebracht. Eine jüngst erschienene Broschüre. Von Konrad. Er ist der Sohn eines ehemaligen Geschäftsfreundes von mir. Er ist hochbegabt.

Dr. Kramer. Der Geschäftsfreund?

v. Medinger. Nein, der Sohn.

Dr. Kramer. Und worüber schreibt er, der Sohn?

v. Medinger. Ueber das Talent.

Dr. Kramer. Ah! Ueber das Talent.

v. Medinger. Er stellt sich drei Fragen. Erstens: Was ist das Talent? Zweitens: Woher kommt das Talent? Drittens: Wie erkennt man das Talent?

Dr. Kramer. Und das führt er dann aus?

v. Medinger. Brillant, sag' ich Dir. Insbesondere der zweite Punkt, — das spricht er mir aus der Seele.

Dr. Kramer. So?

v. Medinger. Das ist es ja, was ich mich immer frage. Warum sind meine Kinder so talentirt? Warum ist die Tochter eine Dichterin, warum ist der Sohn ein Maler? Warum?

Dr. Kramer. Ich weiß es nicht.

v. Medinger. Weil ich ein Dichtervater bin. Weil ich ein Malervater bin. „Das Talent", schreibt Konrad, „beruht immer auf Vererbung". Und das ist ja auch ganz klar: Irgendwoher muß man es doch haben. Und meistens ist es der Vater. Und daraus ergibt sich auch die Antwort auf die dritte Frage: Wie erkennt man ein Talent?

Dr. Kramer. Ja, das muß doch eigentlich sehr schwierig sein.

v. Medinger. Für den Ungeübten. Aber für mich zum Beispiel ist das nur eine Kleinigkeit. Vor Allem andern muß man sich den Vater ansehen. Denn irgendwoher... Und dann muß man sich den Menschen selbst ansehen. Die Werke, siehst Du, die Werke sind für den Kenner eigentlich ganz nebensächlich. Ich brauch' mir Jemanden nur anzusehen und ich weiß, der hat Talent oder der hat keines. Na, das macht die Uebung.

Dr. Kramer. Das versteh' ich nicht.

v. Medinger. Ich werde es Dir an Beispielen erklären. Nehmen wir meine Tochter Athalie.

Dr. Kramer. Nehmen wir sie.

v. Medinger. Und meine Adoptivtochter Dita.

Dr. Kramer. Das ist ein herziges, liebes Kind.

v. Medinger. Sie ist ein ganz ordentliches Mädel. Sie spielt Clavier, Athalie spielt auch Clavier.

Dr. Kramer. Sie spielen also beide Clavier.

v. Medinger. Ja, sie spielen beide. Aber Athalie hat Talent, und Dita hat keines. Es ist auch nicht zu verwundern. Sie ist ja nicht mein Blut. Ich verarge es ihr daher auch gar nicht.

Dr Kramer. Ich auch nicht.

v. Medinger. Aber siehst Du, das ist der Unterschied.

Dr. Kramer. Ich beginne zu verstehen.

v. Medinger. Oder nimm Cocini und diesen jungen Mann, der uns gestern besucht hat.

Dr. Kramer. Ja, ein äußerst sympathischer, bescheidener junger Mann das. Er scheint sich für Dita zu interessiren.

v. Medinger. Und das nennst Du bescheiden? Wenn ein junger Mann nichts ist und nichts hat und er interessirt sich für ein Mädchen aus gutem Haus? Aber davon sprechen wir nicht.

Dr. Kramer. Nein, nein, wir sprechen ja vom Talent. Der junge Mann ist Maler.

v. Medinger. Er ist Maler, Cocini ist Sänger. Aber Cocini hat Talent und Herr Hort hat keines. Verstehst Du?

Dr. Kramer. Beinahe.

v. Medinger. Und was folgt daraus?

Dr. Kramer. Ich bin begierig.

v. Medinger. Daraus folgt, daß ich Cocini ins Haus genommen habe, daß ich ihn ausbilden ließ, daß ich ihm Athalie geben werde und noch Einiges dazu. Georg Hort aber, seinen Freund, den jungen Maler —

Dr. Kramer. Ich bin begierig.

v. Medinger. Den werfe ich hinaus. Verstehst Du mich?

Dr. Kramer. Ja, jetzt verstehe ich.

Wilhelm [meldet]. Herr Georg Hort.

v. Medinger. Ich lasse bitten.

Georg Hort [schöne, vornehme Erscheinung. Ohne jede Geckerei, mit discretem Geschmack gekleidet. Nichts an ihm will den Künstler verrathen. Nur die Art, wie er Andere beobachtet wenn sie sprechen, zeigt, daß er ihnen überlegen ist. Seine höfliche Ruhe ist eine erzwungene, und wenn ihn das Temperament überfällt, reißt es ihn mit sich. Herrn v. Medinger gegenüber in einer falschen Situation, die er durch Höflichkeit auszugleichen bemüht ist]. Guten Morgen.

v. Medinger. Guten Morgen. [Auf die Mappe deutend, die Georg unterm Arm trägt.] Was bringen Sie da?

Georg. Sie waren gestern so gütig, Herr kaiserlicher Rath, mir zu sagen, daß Sie an meinen Arbeiten ein gewisses Interesse nähmen — und da bin ich so frei, Ihnen einige meiner Skizzen und mein letztes Bild —

v. Medinger. So? Sie haben also schon ein Bild gemalt —

Georg. Allerdings, Herr kaiserlicher Rath, ein kleines Bild.

v. Medinger. In Oel?

Georg. Jawohl, Herr kaiserlicher Rath.

v. Medinger. So, so . . . Sie sind also fest entschlossen, Maler zu werden.

Georg. Zu werden . . . ? Herr kaiserlicher Rath, ich glaube, das ist man oder man ist es nicht.

v. Medinger. Ja, ja . . . ganz gut. Es ist ja ein sehr schöner Beruf, wenn man Talent hat — wenn man Talent hat . . . [Dita ist eingetreten.]

Dita [ein schönes, liebenswürdiges und verliebtes Kind. Sie erfaßt das Peinliche der Situation, rasch]. Papa, Papa — der Clavierlehrer ist da.

Dr. Kramer. Wie Papa, Du nimmst noch Clavierstunden?

v. Medinger. Nicht noch, lieber Arnold: erst. Man darf nie aufhören, an sich zu arbeiten. [Zu Georg.] Merken Sie sich das, junger Mann. Ich hatte nicht das Glück, einen Vater zu besitzen, der meine Talente ausbilden ließ. Ja, ja, meine Lieben, wenn ich Gelegenheit gehabt hätte, mich auszubilden, aus mir wäre ein Makart oder ein Heine geworden ... [Zu Georg.] Sie können dann mit ihren Sachen in mein Arbeitszimmer kommen. Adieu einstweilen. [Dem Doctor gnädig winkend, ab. Georg legt die Mappe auf einen Tisch, beißt sich auf die Lippe, unterdrückt seine Erregung.]

Wilhelm. Herr Doctor, der Wagen ist angespannt, aber Herr Cocini wünscht auszufahren.

Dr. Kramer. Sagen Sie Herrn Cocini, ich lasse ihn um Entschuldigung bitten, ich werde mit der Stadtbahn fahren. [Wilhelm ab.]

Dita. Dieser freche Italiener.

Dr. Kramer. Kannst Du ihn auch nicht leiden?

Dita. Ich kann ihn nicht ausstehen. Du solltest sehen, wie der auf mich herabsieht. Ich bin ja freilich nur ein dummes Mädchen, und Papa sagt, ich hätte zu gar nichts Talent, nicht einmal zum Clavierspielen. Aber schließlich --- es können doch nicht lauter Genies auf Erden wandeln.

Dr. Kramer. Gott sei Dank! Ich sage Dir, liebes Kind, wenn Du eines Tages auch noch ein Talent in Dir entdecken solltest: das wäre fürchterlich. Gott segne Dich für Deine Unbegabtheit! [Ab.]

Georg [rauh]. Ich kann ihn auch nicht ausstehen, diesen Cocini, und muß ihn als meinen Freund besuchen und muß ihn malen.

Dita [kokett]. Und warum thun Sie das, Herr Georg?

Georg. Warum? Sie wissen ganz gut, warum ich es thue. [Verbittert.] Um in Ihr Haus zu kommen, in das mich sonst Niemand einlädt. [Hervorbrechend.] Sie wissen ganz gut, wie ich mich erniedrigen muß.

Dita. Warum reden Sie so? Papa hat Sie doch persönlich eingeladen, die Zeit, während Sie Cocini malen, in unserem Hause zu verbringen.

Georg. Ja, er war so gütig, mich einzuladen. Sie haben ihn wohl lange bitten müssen, bis er allergnädigst sagte: „Es ist gut, ich erlaube diesem jungen Mann, einige Tage bei uns zu verbringen". O, ich weiß, er sagt immer nur „dieser junge Mann", wenn er von mir spricht. Ich bin immer nur „dieser junge Mann", dem man Gnaden erweist, weil man ihn wehrlos weiß.

Dita [senkt den Kopf, leise]. Herr Georg, sind Sie mir böse?

Georg. O Dita, liebes Fräulein Dita! [Er küßt ihr leidenschaftlich die Hände.] Aber sehen Sie, es ist zu arg. Ich dränge mich an diesen Cocini heran, den ich gering schätze, und mache ihm den Vorschlag, sein glattes Geckengesicht zu malen. Und ich muß glücklich sein, daß er acceptirt. Und ich trage ihm das Du an und nenne ihn meinen Freund, um länger bleiben zu können. Und wenn er verstimmt ist, muß ich mir's gefallen lassen; wenn er heiter ist, muß ich mir's gefallen lassen. Wenn er mir sitzen will, muß ich glücklich sein, und wenn er keine Lust hat, darf ich nichts reden. Denn nur seiner Gnade verdanke ich es, daß ich mich in Ihr Haus einschmuggeln darf. Er erweist mir eine Gefälligkeit, wenn er sich von mir malen läßt. Und wie fürchterlich sind Menschen, die wissen, daß sie uns eine Gefälligkeit erweisen! — Sehen Sie, Dita, ich bin nicht reich, ich bin nicht berühmt, ich bin nicht einmal bekannt, ich stehe allein, ein Fremder zwischen den Menschen. Ich habe nichts als meinen Stolz; und den wollen Sie mir rauben!

Dita. Und ich? [Schlicht.] Ich bin ein junges Mädchen, das seine Mutter früh verlor und das im Hause des Stiefvaters leben muß. Auch ich stehe allein in der Welt. Ich habe nichts als meinen guten Ruf. Und den wollen Sie mir rauben.

Georg. Wie können Sie das sagen?

Dita. O doch! Denn wenn Sie sich nicht unter irgend einem Vorwand in unser Haus einschmuggeln, — wo sollten wir uns sehen? Im Museum — im Stadtpark ... Ich bin zu gut dazu.

Georg. Verzeihen Sie mir.

Dita [sieht ihm einen Augenblick lächelnd in die Augen und greift dann nach der Bildermappe auf dem Tisch. Mit geändertem Tone]. Nun also, da sind ja Ihre Bilder?

Georg [auffahrend]. Ja, die Bilder! [Wüthend, die Fäuste in den Augen.] Erinnern Sie mich jetzt auch noch an die Bilder!

Dita [zieht ihm die Hände vom Gesicht. Leise; weich]. Schauen Sie, Herr Georg, es muß ja sein. Wie wollten Sie sonst vorwärts kommen?

Georg. Ja, es muß sein. Wie wollte ich sonst vorwärts kommen? Ich muß bei Ihrem Herrn Papa, der mich mit jedem Worte beleidigt, eine Audienz erbetteln. Ich muß ihm, der von Malerei keine Ahnung hat, meine Bilder demüthig zur Beurtheilung vorlegen. Ich, der ich meinen besten Freunden meine Skizzen nicht gezeigt habe, wenn sie mich nicht darum baten. Ich muß. Ich muß mich vor ihm erniedrigen. Denn er kennt ja den Präsidenten der Jubiläums-Ausstellung. Er kann mich ja empfehlen, er kann mich ja protegiren!

Dita. Georg!

Georg. Dita! [Er hat ihre beiden Hände gefaßt, sie sehen sich in die Augen.]

Dita [mit verlegenem Lächeln]. Nicht! Nicht!

Georg. Es war zum erstenmale jetzt, daß Sie mich beim bloßen Vornamen nannten; es war zum erstenmale, daß Sie „Georg" sagten — „Georg" ohne Alles.

Dita. Sie müssen aber auch Alles gleich bemerken. [Sie ist aufgestanden, geht um den Tisch herum.] Also, — jetzt zeigen Sie mir Ihre Bilder!

Georg. Das nie, Dita. Sie werden meine Bilder sehen, aber erst, bis sie den Erfolg für sich haben werden. Nicht früher.

Dita. Aber Papa werden Sie sie zeigen, nicht wahr? Wenn ich sehr schön bitte? [Sie bittet, wie die Kinder bitten.] Bitte, bitte.

Georg [nun gleichfalls lächelnd]. Sie machen ja mit mir, was Sie wollen.

Dita [sieht ihm lange und verliebt in die Augen]. Aber Herr Georg — das darf ich ja leider nicht. [Man hört Stimmen hinter der Scene; Dita horcht einen Augenblick.] Ah, Cocini.

Georg. Mein lieber Freund Cocini! Sie entschuldigen. [Er nimmt die Mappe.] Adieu! [Nach links.]

Dita. Adieu! [Nach rechts.]

Cocini, Athalie, Liane.

Cocini [italienischer Komödiant]. Mit dem Ausfahren ist's auch nichts. [Er gähnt.] Wo ist denn die Zeitung? Daß die nie da sein kann!

Athalie [groß, blond, mit bizarrer Geschmacklosigkeit gekleidet. Jede Bewegung eine Pose. Sie liebt es, sich mit zurückgeworfenem Haupte im Profil zu zeigen. Beim Sprechen schließt sie des öfteren die Augen.] Ich hole sie Dir.

Cocini [wirft sich in einen Lehnstuhl]. Ach, wie erbärmlich ist das Leben!

Liane [mitleidig, warm]. Sie strengen sich zu sehr an, Herr Cocini. Sie sind zu ehrgeizig. Leben Sie doch ganz Ihrer Kunst [elegisch.] und Ihrer Braut.

Cocini [fährt auf]. Nein, nein! Das ist nichts für mich. [Verbessert sich.] Ich meine: Der Ehrgeiz ist mit der Kunst eng verbunden.

Athalie [mit der Zeitung]. Er hat ganz Recht. [Sententiös.] Der Ehrgeiz, das ist die Triebfeder, die uns zum Ruhme stachelt.

Cocini [unwirsch]. Ich bitte Dich, sprich nicht in Sentenzen mit mir! [Gelangweilt.] Was gibt's denn Neues? [Die beiden Frauen setzen sich ihm gegenüber und lesen abwechselnd aus der Zeitung vor.]

Athalie. Der spanische Ministerpräsident ist ermordet . . .

Cocini. So.

Liane. Ein Eisenbahnunglück bei Lausanne. Zwanzig Verwundete und fünf Todte.

Cocini. So.

Athalie. „Man meldet uns aus Cassel: Der junge Tenor Paul Sühnemann gastirte gestern am hiesigen Stadttheater als „Faust" und errang einen sehr schönen Erfolg."

Cocini [wie von einer Tarantel gestochen]. Was, der Sühnemann? Einen sehr schönen Erfolg! Dieser Schreihals! [Er reißt Athalie das Blatt aus der Hand.] Es ist unglaublich! [Gibt ihr das Blatt zurück.]

Liane [erregt]. Hören Sie: „Man telegraphirt uns aus Paris: Eine Liebesaffaire erregt in hiesigen Künstlerkreisen großes Aufsehen."

Cocini. Eine Liebesaffaire! [Alle Drei rücken zusammen.]

Liane [liest]. „Als der Bildhauer Alphonse Conturiel vorgestern spät abends seinen langjährigen Freund, den Maler Gustav Walter, unerwarteterweise besuchte, überraschte er Madame Renée Conturiel im Atelier des Freundes."

Athalie. Arme Frau!

Cocini. Des langjährigen Freundes! [Er lacht seelenvergnügt.]

Liane. „Man hielt ein Duell für unausweichlich. Allein Gustav Walter verließ gestern Morgens in aller Eile Paris unter Zurücklassung eines Briefes an Renée Conturiel. Man vermuthet, daß der berühmte deutsche Maler, der seit Jahren in Paris lebte, in seine Heimat zurückgekehrt sei."

Cocini. Famos! [Reibt sich vergnügt die Hände.] Geschieht ihm schon Recht, diesem idiotischen Conturiel.

Liane. Kennen Sie diesen Bildhauer?

Cocini. Nein. Kennen Sie diesen Maler?

Liane. Nein. Aber schon als ganz junge Mädchen schwärmten wir für seine Bilder. Erinnerst Du Dich, Athalie? Erinnerst Du Dich an sein Bild „Entführung"? Er und sie durch die Nacht im Schlitten. Im Galopp jagen sie über das dämmerige Schneefeld dahin. Sie birgt ihr Haupt furchtsam an seiner Schulter. Er hält in der einen Hand die Zügel, in der anderen den Revolver; denn hinter ihnen jagen die Wölfe. Ach, ist das schaurig! Ach, ist das schön!

Cocini. Das muß wirklich sehr hübsch sein.

Liane. Papa hat übrigens eine Studie von Walter in seinem Arbeitszimmer. Diese Notiz wird ihn riesig interessiren. Ich will sie ihm gleich zeigen. [Ab.]

Cocini [pfeift].

Athalie. Ugolino. [Schmeichlerisch.]

Cocini [gütig]. Was willst Du denn schon wieder?

Athalie. Ugolino, werden wir uns heute Abend verloben?

Cocini. Warum willst Du das wissen?

Athalie. Mon cœur.

Cocini. Du weißt doch, daß Du mich mit solchen Fragen ärgerst. [Erregt.] Wie soll ich Dir jetzt sagen, ob ich mich abends verloben werde? Weiß ich denn, welcher Stimmung ich abends sein werde? Du weißt doch, ich bin ein Stimmungsmensch.

Athalie. Du hast ja Recht, Du Lieber. Ich werde Dich nicht mehr fragen. Eines Tages wirst Du mir sagen: „Verloben wir uns", und dann werden wir uns verloben, nicht wahr? [Sie streichelt ihm das Haar.]

Cocini. Ja. Du bringst mir die Haare ganz in Unordnung. Es ist gut, also. Eines Tages werde ich sagen: Verloben wir uns, und dann ... Aber jetzt laß' mich allein. Ich bin müde. Ich bin verstimmt.

Athalie. Ich gehe schon. Leb' wohl! [Sie entfernt sich.] Leb' wohl! [Noch einmal.] Leb' wohl!

Cocini. Leb' wohl! [Er sieht ihr mit Betrübniß nach. — Ausbrechend.] Mein Gott im Himmel, wie werd' ich die los! [Er sinkt in einen Fauteuil.]

Wilhelm [bringt eine Karte.]

Cocini [liest]. Robert von Holdenau. Rob — Ja, was will denn der hier? Lassen Sie ihn eintreten. [Der Diener öffnet die Mittelthüre.]

Holdenau [Dreißiger, elegante Erscheinung]. Guten Tag Mein Name ist Robert von Holdenau.

Cocini. Der Wüstling? Der Wüstling Holdenau?

Holdenau [erstaunt]. Sie scheinen mich zu kennen.

Cocini. Aber natürlich. Ich kenne Sie und Sie kennen mich. Von Mailand. Erinnern Sie sich an die Abende, die Sie vorigen Winter im Hause der feuerblonden Sängerin Emilia verbrachten? —

Holdenau. Emilia. Warten Sie ein bischen. Emilia ... Wissen Sie bestimmt, daß sie Emilia hieß? Halt, jetzt kenne ich Sie, Co — Co — Co —

Cocini. Cocini.

Holdenau. Cocini. Ugolino Cocini, der junge Bildhauer.

Cocini. Bildhauer, ach!

Holdenau [vertraulich, ein bischen herablassend]. Na, wie geht's mit der Bildhauerei?

Cocini [zornig]. Aber hören Sie mir auf mit der Bildhauerei! Ich bin jetzt Tenor.

Holdenau. Tenor. Wie das?

Cocini [lädt ihn zum Sitzen ein]. Ich modellirte dazumal die Büste des Sängers Ermete Valcanova. Ich modellirte ihm einen schönen Schnurrbart und große traurige Augen. Sowie ich mit den

Augen fertig bin, bringe ich ihm die Büste in seine Wohnung und verlange 200 Lire. Was glauben Sie, thut dieser italienische Sänger?

Holdenau. Er wirft Sie hinaus.

Cocini. Und die Büste dazu. Ich aber bezähme mich, gehe wieder hinein und frage: "Wollen Sie bezahlen oder nicht?" Was glauben Sie, thut der italienische Sänger?

Holdenau. Er wirft Sie noch einmal hinaus.

Cocini. Errathen! Da war ich beleidigt. Wenn ich aber beleidigt bin, dann bin ich fürchterlich. Ich bringe noch einmal in sein Zimmer und schreie: "Haa!"

Holdenau: Haa!

Cocini. Was glauben Sie, thut dieser italienische Sänger?

Holdenau. Sie bringen mich in Verlegenheit.

Cocini. Er sagt mir ganz ruhig: "Schreien Sie noch einmal Haa!" Ich glaube, er will mich verhöhnen, und schreie noch einmal, noch lauter: "Haa!" Da klopft mir dieser italienische Sänger auf die Schulter: "Junger Mann", sagt er "Sie haben eine Stimme, die in der Mittellage sehr stark ist. Werden Sie Tenor". — So wurde ich Tenor. [Er steht auf.]

Holdenau. Merkwürdig, von welchen Zufällen oft die Entdeckung eines Talentes abhängig ist! — Aber wie kommen Sie in dieses Haus, sagen Sie?

Cocini. O, ich bin ein Verwandter der Familie — ein naher Verwandter.

Holdenau. So.

Cocini. Unter uns gesagt, eine sehr langweilige Familie.

Holdenau. Sie scheinen die Familie vorurtheilslos zu beurtheilen, das ist mir sehr angenehm.

Cocini. Wie aber kommen Sie in dieses Haus, Herr Baron?

Holdenau. Ich betrete es zum erstenmal in meinem Leben.

Cocini. Kann ich Ihnen vielleicht in irgend einer Hinsicht nützlich sein, Herr Baron?

Holdenau. In der That, das könnten Sie. Es ist mir sehr angenehm, daß ich Sie hier treffe. — Ich habe Ihnen seinerzeit in Mailand manche kleine Gefälligkeit erwiesen —

Cocini. Ich wollte Ihnen schon oftmals — Herr Baron — allein —

Holdenau. Schon gut. Sprechen wir nicht mehr davon. — Ich kann also offen zu Ihnen sein, nicht wahr?

Cocini. Vollkommen, Herr Baron.

Holdenau. Mein Auftreten in diesem Hause des kaiserlichen Rathes von Medinger hat einen doppelten Zweck: einen legitimen und einen illegitimen.

Cocini. Sprechen wir gleich von dem illegitimen.

Holdenau. Im Gegentheil. Fangen wir mit dem legitimen an. Die Sache ist sehr einfach. Herr von Medinger hat einen Sohn Percy.

Cocini. Er ist Maler.

Holdenau. Nebenbei. Die Hauptsache ist, daß er sich in Florenz in meine Nichte, die Comtesse Steinitz, verliebt hat, und sie in ihn. Meine Familie hat im Princip nichts gegen diese Verbindung. Im Anfang beunruhigte es uns, daß der junge Mann malt. Aber von einigen Capacitäten, denen wir seine Versuche vorlegten, erhielten wir die tröstliche Versicherung, daß der junge Mann keinen Funken Talent hat. Da Herr Percy v. Medinger im Uebrigen ein ganz honetter und intelligenter Mensch ist und auch gerne versprach, die Malerei als Beruf ganz aufzugeben, sind von dieser Seite keine Hindernisse zu befürchten. Wir werden ihn zum Director unserer Spiritusfabriken machen, und ich glaube, er wird sich bewähren.

Cocini. Wie beneide ich diesen Percy!

Holdenau. Um meine Nichte?

Cocini. Nein, Herr Baron. Um die Spiritusfabriken.

Holdenau. Hören Sie weiter. Wenn es sich um Spiritusfabriken handelt, muß man vorsichtig sein. Zweck meines Auftretens in meiner Eigenschaft als Onkel ist es also, mich an Ort und Stelle über die Verhältnisse des Herrn v. Medinger zu informiren.

Cocini. Sie können ruhig sein. Der Mann hat Geld.

Holdenau. Das wird uns freuen. Dennungeachtet möchte ich nicht sofort officiell auftreten, Sie verstehen mich. Wenn es sich um Spiritusfabriken handelt.... Wenn ich Ihnen nicht zufällig hier begegnet wäre, so hätte ich den Vorwand gebraucht, ich käme wegen dieses Pavillons, den Herr v. Medinger vermiethen will, und den ich für einen Freund miethen möchte.

Cocini. Es ist ein kleiner Pavillon mit einem Atelier. Herr von Medinger hat ihn für Percy gebaut.

Holdenau. Ganz gut. Und ich hätte umso sicherer zu diesem Vorwand gegriffen, als mich auch noch eine zweite Absicht hieherführt...

Cocini. Nämlich die illegitime.

Holdenau. Sehr richtig. Bis jetzt hat der Onkel aus mir gesprochen, jetzt aber kommt der Mensch in mir zum Wort. Herr von Medinger hat zwei schöne Töchter, sagen Sie?

Cocini. So ist es.

Holdenau. Die eine dieser Töchter kenne ich schon seit anderthalb Jahren.

Cocini [springt auf, freudig bewegt]. Die Blonde, nicht wahr? Athalie heißt sie, nicht wahr?

Holdenau. Ich weiß nicht, wie sie heißt. Aber was bewegt Sie so freudig?

Cocini. O, nichts, nichts! — Es wäre nur so schön, wenn Sie — in eine dauernde Verbindung zu diesem Hause treten würden.

Holdenau. Ach so meinen Sie... Nun, das weiß ich noch nicht. Uebrigens — vielleicht. Chi lo sa?... Also merken Sie auf.

Cocini. Sie wollen mir eine Geschichte erzählen. [Lädt ihn zum Sitzen ein.]

Holdenau. Das ist nun bald zwei Jahre her, daß ich eines Abends im Carneval ein Fräulein Medinger kennen lernte... Es war auf einem Costümball der Künstlergenossenschaft. Fräulein v. Medinger war als „Mai".

Cocini. Als „Mai"!

Holdenau. Als „Mai"! Ich sehe Sie noch deutlich und lächelnd vor mir! Eine blutrothe Rose trug sie im Haar.

Cocini [elegisch]. Wie schön ist so eine rothe Rose im blonden Haar!

Holdenau. Im blonden —? Lassen wir das. Jedenfalls war das ein wundervoller Mai. Ich sage Ihnen, es war ein Wonnemonat. Nachdem ich ihr flüchtig vorgestellt war, folgte ich ihr eine halbe Stunde in Träumen. Dann mischte ich mich in die Zahl ihrer Bewerber. Natürlich war sie ganz umringt. Das geht mir immer so. Ich habe einen zu guten Geschmack. Wenn mir ein Bild in der Kunstausstellung ganz besonders gut gefällt, so hängt sicherlich schon ein Zettel darüber: verkauft. Und wenn ich mich für eine Dame interessire, so ist sie sicherlich schon halb verlobt.

Cocini. Nun, das macht ja nichts.

Holdenau. Sagen Sie das nicht. Ich war damals wüthend. Durch zwei Stunden drängte ich mich an sie heran und kam nicht zur Adoration. So oft ich den Mund öffnen wollte, nahm sie ein Anderer zum Tanz. Besonders war da ein florentinischer Edelknabe, in einem sammtenen Wamms, mit einem falschen Schnurrbart, der meine Dame immer eine Secunde früher aufforderte, als es mir möglich war. Und dabei machte er so ein curioses Gesicht, als erlustigte ihn das. Schließlich gelang es mir doch, den „Mai" im Vorübergehen anzuhalten und zu einer Quadrille zu verpflichten. Diese Quadrille kam, aber der „Mai" kam nicht. Ich suchte den „Mai" und fand ihn nicht. Schon schreit der Arrangeur „La Trenis", als ich meine Dame im Gewühl der Tanzenden erblicke, an wessen Seite — was glauben Sie?

Cocini. Des florentinischen Edelknaben natürlich.

Holdenau. So ist es. „Na wart'", denke ich mir „du florentinischer Edelknabe du". Nach der Quadrille nehme ich mir den Knaben beiseite: „Sie sind ein Unverschämter", sage ich ihm im Tone der Ueberzeugung. Er lächelt ironisch: „Sie sind eifersüchtig und möchten sich mit mir schlagen." „Allerdings, mein Herr", versetzte ich höflich, „es würde mir ein ungewöhnliches Vergnügen bereiten, Sie zu züchtigen." „Wozu?" erwidert er gelassen, „das Duell ist ein Gottesurtheil. Es läßt sich auch auf eine minder blutige Weise herausbringen, wer von zwei Rivalen der Begünstigte und wer der Ueberflüssige ist. Ich mache Ihnen folgenden Vorschlag: Gehen wir zu Fräulein Mai. Sie trägt eine blutrothe Rose im Haar. Sagen wir zu ihr: Mein Fräulein, wir wollen uns Ihretwegen schlagen. Wenn Sie wollen, können Sie dieses Duell verhindern. Wir unterwerfen uns Ihrem Urtheil. Geben Sie die rothe Rose aus Ihrem Haar demjenigen von uns, den Sie bevorzugen, und der Zurückgesetzte verläßt auf der Stelle den Ball." Ich denke mir: „Du florentinischer Edelknabe bist deiner Sache so sicher?" und gehe auf den Vorschlag ein. Da wir aber unsere Angelegenheit der Dame vortragen, lächelt sie zunächst diplomatisch und sagt: „Aber ich kenne ja keinen der Herren näher, ich weiß nur, daß Sie ein florentinischer Edelknabe, und Sie" — zu mir gewendet, „ein Lappländer sind". Ich war nämlich als Lappländer. „Mein Fräulein", sage ich, „Sie sollen mich kennen lernen. Ich heiße Robert Baron von Holdenau, bin 31 Jahre alt, absolvirter Zögling der Diplomatenschule, spreche französisch, englisch, italienisch, spanisch, russisch und nothdürftig türkisch und arabisch, mein Vater ist Gesandter in London, ich selbst sehe meiner Berufung an unsere Botschaft in Paris entgegen, besitze rund eine Million im Vermögen, einige herrschaftliche Güter in Deutschland, und außerdem, mein Fräulein", füge ich hinzu „und außerdem bin ich ledig". „Ich danke", sagt sie mit einem verführerischen Lächeln und nimmt die Rose aus ihrem Haar. „Und Sie?" wendet sie sich an meinen Rivalen. Ich schaue ihn verächtlich an. Allein er bleibt ganz ruhig. „Ich", sagt er, „ich spiele den Max Piccolomini im Wallenstein". „Wirklich", ruft Sie entzückt, „Das sind Sie?" reicht ihm die Rose und nimmt seinen Arm. — Ich fuhr nach Hause, ich fuhr zum Bahnhof, ich fuhr nach Italien, ich fuhr bis Sicilien. Nach zwei Monaten beruhigte ich mich ein wenig. Ich sagte mir: Der Mai ist dir eine Rose schuldig geblieben, und das ist Alles. Du wirst noch einmal im Leben mit diesem Mädchen zusammentreffen und die Forderung eincassiren, die du an sie hast. Eine Gelegenheit wird sich finden.

Cocini. Und mit der Verlobung Ihrer Nichte ist die Gelegenheit da.

Holdenau. Jawohl. Und ich werde sie ausnützen, so wahr als es an jenem Abend das erste und einzige Mal geschah, daß der Baron Robert von Holdenau vor einem Rivalen schmählich die Waffen strecken mußte.

Cocini. Prächtig! Jetzt sagen Sie mir nur noch Eines: Ist sie blond?

Holdenau Ich könnte aus Ihrer Neugier schließen, daß Sie sich um die Brünette bewerben.

Cocini. Der Schluß wäre falsch. Ich spreche ganz objectiv. Die Blonde ist entschieden die Reizendere. Mir kann das natürlich gleichgiltig sein.

Holdenau [beherrscht ihn mit dem Blick und sagt langsam]. Nehmen Sie an, es wäre die Blonde.

Cocini [erfreut]. Na, sehen Sie, ich weiß ja, Sie haben immer für die Blondinen geschwärmt.

Holdenau [beiseite]. Wir beten also Beide die Brünette an. — [Laut.] Nun wissen Sie Alles. Und nun rathen Sie mir: Wie gewinne ich die Gunst dieser Dame? Ich habe vierundzwanzig Stunden Zeit, denn morgen Abend trifft Percy von Medinger hier ein Von diesem Augenblick an bin ich Onkel.

Cocini. Und Freier.

Holdenau. Vielleicht . . . Vorerst aber will ich meine Rose haben. Eine Rose, die man zur Erinnerung gibt. Und zwar als illegitime Erinnerung. Anders ist es ja keine Kunst: Denn heiraten kann jeder.

Cocini. Vierundzwanzig Stunden sind wenig.

Holdenau. Ich habe nicht mehr.

Cocini. Zumindest müßten Sie diese Zeit ganz im Hause verbringen.

Holdenau. Sagen Sie mir ein Mittel. Ich bin zu jedem bereit.

Cocini. Ich hab's.

Holdenau. Na also.

Cocini. Müssen Sie denn diesen Pavillon mit dem Atelier für Ihren Freund miethen? Es hat doch nicht jeder Mensch einen Freund.

Holdenau. Wie meinen Sie das?

Cocini. Sie könnten den Pavillon doch ebensogut für sich miethen.

Holdenau. Aber ich bin doch Gesandtschafts-Secretär. Was mach' ich mit einem Atelier?

Cocini. Müssen Sie denn Gesandtschafts-Secretär sein? Es ist doch nicht jeder Mensch Gesandtschafts-Secretär.

Holdenau. Wie meinen Sie das?

Cocini. Sie könnten doch ebensogut ein Maler sein.

Holdenau. Das ist ein Bischen romantisch.

Cocini. Umso besser. Lassen Sie sich Eines gesagt sein: Als Gesandtschafts-Secretär Baron von Holdenau erreichen Sie in diesem Hause gar nichts. Als Maler werden Sie Alles erreichen. In diesem Hause gilt nicht Wissen, noch Stellung, noch Erziehung. Hier gilt nur

Eines: Talent. Entweder man hat Talent, und dann ist man Alles, oder man hat keines, und dann ist man gar nichts. Wir haben hier einen Doctor der Medicin im Hause, über den machen wir uns alle lustig. Aber ich, ich kann thun, was ich will. [Er läutet.] Merken Sie auf. [Zu Wilhelm.] Rufen Sie mir Fräulein Athalie. [Wilhelm ab.] Das ist die Tochter des Hauses. Wenn ich sie sprechen will, lasse ich mir sie rufen. Und warum? Weil ich Tenor bin. Wäre ich ein Graf, ein Fürst, kein Mensch würde sich meine Kühnheiten gefallen lassen. Aber ich bin ein Tenor.

Holdenau. Was Sie können, kann ich auch: Ich bin ein Maler. Hauptsächlich bin ich Baron, und nebenbei bin ich Maler. [Er reißt seine Cravatte auf und zerwühlt sein Haar]. Hab' ich Talent?

Cocini. Sehr gut. Sie haben Talent zum Künstler. Jetzt nur noch Eines: Sie müssen Ihr gutes Benehmen ablegen. Sie müssen impertinent werden. Können Sie das?

Holdenau [großartig]. Junger Freund!

Cocini. Und noch Eins: Woher kommen Sie?

Holdenau. Ich komme aus Italien und reise an die Nordsee.

Cocini. Nein, sehen Sie, das geht nicht. Das könnte ein Jeder. Sie müssen von irgendwo geflohen sein!

Holdenau. Geflohen?

Cocini. Geflohen. Ja. Das sieht viel besser aus. Sie sind aus einem fremden Land geflohen.

Holdenau. Also gut. Ich bin also aus Frankreich hieher geflohen. Ist Ihnen das recht?

Cocini. Aus Frankreich, sehr gut. Aus Paris.

Holdenau. Ja, aber warum?

Cocini. Warum? Weil Sie auf andere Weise unmöglich in 24 Stunden die Gunst dieser Dame ...

Holdenau. Ganz gut — Cocini. Aber ich meine: Warum ich geflohen bin?

Cocini. Das ist gleichgiltig.

Holdenau. Gleichgiltig? Ihnen mag das gleichgiltig sein. Aber für mich ist das doch nicht ohne ein gewisses Interesse.

Cocini. Mein Gott! Sind Sie schwerfällig! Weshalb flieht ein Künstler? Jedenfalls wegen eines Liebesabenteuers.

Holdenau. Bin ich geflohen?

Cocini. Ja.

Holdenau. Ah, jetzt überblicke ich mit einem Schlage den ganzen Zusammenhang. [Liane ist unbemerkt eingetreten, Holdenau exponirt.] Vorgestern überraschte mich mein bester Freund mit seiner Frau. Er will mich auf der Stelle tödten, ich — halte ihn davon ab. Er will sich mit mir schlagen, — aber die Geliebte bittet mich kniefällig, das Leben eines Mannes zu schonen, der vielleicht der Vater ihrer Kinder ist. Da überwinde ich meinen Stolz und verlasse Paris mit dem ersten Morgenzug. So komme ich hieher.

Liane [unterdrückt einen Aufschrei].

Holdenau [wendet sich um]. Ah! [Zu Cocini.] Jetzt werden Sie sehen, was ich an Kühnheit leiste. [Liane entgegen.] Mein Fräulein...

Cocini. Aber nein! Sie irren sich. [Er hält ihn zurück.] Die ist ja brünett!

Holdenau. In der That, — ich bin ein Bischen farbenblind.

Cocini. Und dann, das ist ja die verheiratete Tochter.

Holdenau. Verh—? Die eine der beiden Töchter ist also schon verheiratet? [Wendet sich um, geht quer über die Bühne.] Nun, ich kann nichts dafür, daß sie verheiratet ist. Ich bleibe.

Liane [zu Cocini, der mittlerweile zu ihr getreten ist; in größter Erregtheit.] Athalie ist ausgegangen. Was wünschen Sie von ihr? Ist es etwas Wichtiges?

Cocini. Wichtig? Nun ja. Ich wollte ihr unseren Besuch vorstellen. [Heimlich.] Ein Maler. Sein Kunsthändler hat ihn hieher gewiesen. Er ist auf der Flucht.

Liane [zitternd]. Ich habe Alles gehört. Kein Zweifel, er ist es selbst.

Cocini. Wer?

Liane. Gustav Walter.

Cocini. Beim Himmel!

Liane [sehr erregt zu Holdenau]. Herr Walter...

Holdenau. Holdenau, meine Gnädige.

Liane. O, ich verstehe. Ich verstehe vollkommen. Ich habe Alles gehört.

Holdenau. Oh!

Liane. Sie sind auf der Flucht. Sie suchen ein Asyl. [Herzlich.] Bleiben Sie bei uns. Wir haben einen hübschen Pavillon im Garten, mit einem Atelier. Papa hat ihn für Percy gebaut, der auch Maler ist. Sie werden sich sehr wohl bei uns fühlen, wie zu Hause. Bitte, bleiben Sie.

Holdenau [zögernd]. Meine Gnädige...

Liane [fällt ihm ins Wort]. Sie wollen sagen: In einem fremden Hause... ich weiß. Aber Sie sind in keinem fremden Hause. Sie sind bei alten Bekannten. Sie sind in einem Hause, wo man Ihr Genie schon seit Jahren verehrt.

Holdenau. Mein Genie? So, mein Genie? [Zu Cocini.] Für wen hält sie mich?

Cocini. Merken Sie nur auf mich.

Holdenau. Sie sind zu gütig, meine Gnädige, gegen einen armen —

Cocini [gebieterisch]. Wehmuth!

Holdenau [wehmüthig]. ... gegen einen armen, landesflüchtigen Fremdling.

Liane. O, mein Herr, Sie sind kein Fremdling für mich. Ich kenne Ihre ganze Lebensgeschichte.

Holdenau. Meine Lebensgeschichte? So, meine Lebensgeschichte? [Angstvoll zu Cocini.] Für wen hält sie mich?

Liane. Sie sind geboren im Jahre 1865.

Holdenau. Ah, ich bin geboren — im Jahre 65 bin ich geboren?

Liane. In Leipzig.

Holdenau. In Leipzig?

Cocini. Das ist eine schöne Stadt, nicht wahr?

Holdenau [sententiös]. Wie stets die Stadt, wo man geboren ist.

Liane. Ihr Vater war ein Graveur. Er war arm.

Cocini [stößt Holdenau an]. Sagen Sie ja.

Holdenau. Mein armer Vater!

Liane. Schon als Kind bewiesen Sie eine hervorragende Begabung fürs Zeichnen.

Holdenau [leichthin]. Nun ja ...

Liane. Aber Ihr Vater bestimmte Sie für den geistlichen Stand.

Holdenau. Ich bin ja Protestant.

Liane. Das wurden Sie erst später.

Holdenau. Ah so!

Liane. Sie verließen Ihr Elternhaus und gingen als Zeichenlehrer nach Rußland.

Cocini. Sagen Sie ja.

Holdenau. Ja, ja, das ist schon lange her.

Liane. Ihre blendende Erscheinung verschaffte Ihnen bald Eintritt in die Kreise der Aristokratie. Sie wurden Lehrer im Hause eines russischen Grafen. Der Graf hatte eine junge Frau.

Cocini. Aha!

Liane. Das war eine der schönsten Frauen der Petersburger Gesellschaft.

Holdenau. O, sie war wunderschön!

Liane. Die schwarzäugige Gräfin verliebte sich in Sie.

Holdenau [abwehrend]. O ... O ...

Liane. Und anstatt die Kinder im Zeichnen zu unterrichten — malten Sie ein Portrait der Gräfin ...

Holdenau. Es war nicht recht von mir.

Liane. Der Graf ließ Sie aus Dankbarkeit ausbilden.

Cocini. Ein echter russischer Aristokrat.

Liane. Aber nicht in Petersburg, sondern in Paris.

Holdenau [emphatisch]. Paris . . . Es war eine schöne Zeit . . .

Liane. Als die Gräfin dem Grafen durchging und Ihnen nach Paris folgte.

Holdenau. Das ist nicht wahr, meine Gnädige. Das ist eine Uebertreibung. Bedenken Sie doch, gnädige Frau, eine Frau, die Kinder hat, die schon zeichnen lernen. Das wäre ja fürchterlich.

Liane. Lassen wir das. Im selben Jahre malten Sie Ihr erstes Bild.

Holdenau [elegisch]. Mein erstes Bild! [Zu Cocini, verzweifelt.] Mein erstes Bild!

Liane. Entführung! Er und sie — durch die Winternacht. Und hinter ihnen jagen die Wölfe . . .

Cocini [dämonisch]. Und hinter ihnen jagen die Wölfe.

Liane. Und seither ging Ihr Name durch die Welt.

Holdenau. Mein Name! [Verzweifelt zu Cocini.] Mein Name?

Cocini. Und seither ging der Name Gustave Walter durch die Welt!

Holdenau. Gustav Wal . . ?

Cocini. Da nützt kein Leugnen mehr: **Ging durch die Welt.**

Liane. Und jetzt bleiben Sie bei uns? Nicht wahr, Sie bleiben? Ich darf Papa sagen, daß Sie bleiben?

Cocini [ermunternd]. Bleiben Sie!

Holdenau. Meine Gnädige, ich bin kein Freund von Phrasen. Wenn man Einen so herzlich einlädt, muß man bleiben. Ich bleibe.

Liane. Ich danke Ihnen. Ich werde Papa sogleich verständigen. Er wird sehr glücklich sein. Ich danke Ihnen.

Holdenau. Schöne Frau! . . .

Liane. Ich danke Ihnen. [Ab. Cocini und Holdenau brechen in ein Gelächter aus.]

Cocini. Sie hat Ihnen dreimal gedankt! **Sie hat Ihnen gedankt.** Nun glauben Sie, daß sie Ihnen auch gedankt hätte, wenn Sie ein Gesandtschafts-Secretär wären?

Holdenau. Hol' Sie der Henker! Ich wollte doch nur **nebenbei** Maler sein. Jetzt bin ich auf einmal **nichts als** Maler. Und ein weltberühmter Maler dazu. Was soll ich thun, wenn Percy morgen kommt?

Cocini. Sie werden in Ehren um Fräulein Medinger anhalten. Eine Heirat macht Alles gut.

Holdenau. So? Meinen Sie?

Cocini. Allerdings. Ich gratuliere Ihnen. [Er bricht neuerdings in Lachen aus.]

Holdenau. Sie haben leicht lachen, Sie! Helfen Sie mir wenigstens weiter. Ich bin jetzt in einer höchst verantwortlichen Stellung. Ein weltberühmter Maler bin ich. Und ich besitze nicht die kleinste Zeichnung, nicht die geringste Skizze. Das geht doch nicht. Schließlich, wenn ich auch geflohen bin ... Etwas muß ich doch mitgenommen haben. Etwas muß ich doch im Atelier aufstellen können! Lachen Sie nicht so viel! Verschaffen Sie mir lieber ein paar Bilder, anstatt so viel zu lachen!

Cocini. Ich verschaffe in Ihnen. Wir treiben den Spaß noch weiter. Ich habe da einen jungen Maler im Haus, dessen Bilder ohnehin Niemand ansieht. [Georg mit seiner Mappe tritt ein. Er schlägt die Mappe auf den Tisch.] Halt, da ist er selbst. [Georg entgegen, scheinheilig.] Du scheinst schlechter Laune?

Georg. Du weißt, ich sollte ihm meine Bilder zeigen, weil er den Präsidenten der Jubiläums-Ausstellung kennt.

Cocini [erschreckt]. Nun, und er hat sie angesehen, Deine Bilder?

Georg. Nein, er hat sie eben nicht angesehen!

Cocini Sehr gut.

Georg. Eine kleine Actstudie nahm der Herr kaiserliche Rath allergnädigst zur Hand. Zunächst tadelte er die Verkürzungen, dann gab er sein Urtheil: „Conventionell", sagte er, „keine Eigenart".

Cocini. Wo ist diese kleine Actstudie?

Georg. Da hast Du sie. Ich habe sie aus Wuth zerrissen.

Cocini. Und dann?

Georg. Und dann. Dann sagte er mir, ich sollte es mir doch noch überlegen, ob ich die Malerei als Beruf ergreifen sollte ... „Es hat nicht Jeder Talent", belehrte er mich „der sich einbildet, welches zu haben". Das sagt er mir! Das sagt er mir in diesem Hause, wo sich ein Jeder einbildet, Talent zu haben, und Keiner welches hat! Aber es geschieht mir Recht. Warum habe ich mich vor diesem größenwahnsinnigen Parvenü so weit erniedrigt. Und geschah es auch ihr zulieb, ich hätte es nicht thun dürfen!

Cocini. Beruhige Dich. Herr von Medinger ist ein Esel. Das wissen wir Alle.

Georg. Adieu. Ich habe genug. Ich gebe die Malerei ganz auf. Ich verlasse dieses Haus, ich gehe auf und davon. Sie wird sich kränken — vielleicht. Aber wahrscheinlich wird sie mich vergessen.

Cocini. Nein, ich lasse Dich nicht weg.

Georg. Du bist sehr freundlich, in der That. Aber ich bleibe nicht länger. Sage mir Jemanden, der mir für diese Mappe

300 Gulden gibt, und ich verkaufe sie ihm und gehe als Commis nach Amerika.

Cocini. Nun, ich weiß Dir Jemanden. [Auf Holdenau deutend.] Dieser Herr hat soeben den Wunsch geäußert, Bilder zu kaufen.

Georg. Wie, mein Herr, Sie wollten . . . ? Aber es sind das zum größten Theile nur flüchtige Skizzen, Launen, Stimmungen, Einfälle . . .

Holdenau. Das macht nichts, gerade das brauche ich.

Georg. Nur ein einziges Oelbild ist darunter. Dieses hier. [Er nimmt ein auf einen Holzrahmen gespanntes Bild aus dem Umschlag.] „Der Triumph des Talentes". Ich habe es für die Ausstellung gemalt.

Holdenau [betrachtet das Bild]. Sehr hübsch. Sehr lieb. Sagen Sie einmal, was haben Sie damit gemeint?

Georg. Ich habe nichts gemeint, ich habe gemalt. Sie sehen hier eine Scene im Atelier. Ein junges Paar vor einem Bilde, über dem Sie das Wort „Preisgekrönt" lesen. Es ist *ihr* Bild, von *seiner* Hand gemalt. Sie blickt mit einem glücklichen Lächeln auf das gelungene Conterfei, das seinen Ruhm begründet hat. Aus seinem Blick spricht stolze Freude . . . Man sieht, der Kunstrichter, der dieses Bild gekrönt, hat über mehr entschieden, als über das Schicksal eines Bildes. Er entschied vielleicht über das Schicksal zweier Menschen . . . Wie ich das meinte? Ich meinte, dieser Augenblick ist vielleicht der schönste im Leben des jungen Malers. Er ist ihm mehr werth als das Festbankett nach seinem ersten Erfolge, als die Gratulationen seiner Meister und Collegen . . . Das ist vielleicht nicht modern —

Holdenau Aber hübsch. Es wird sich sehr gut machen in meinem Atelier.

Georg. In Ihrem Atelier?

Holdenau. Ich meine, im Atelier im Pavillon, das ich heute beziehen werde.

Georg. Sie sind also selbst Maler?

Holdenau. Nehmen Sie an, ich wäre der Maler Walter.

Georg. Wie, es wäre möglich?! Sie wären . . .

Holdenau. Aber nein. Ich sage ausdrücklich: „Nehmen Sie an". Ich bin ja überhaupt kein Maler.

Georg. Sie sind also kein Maler.

Holdenau. Das ist es doch. Deßhalb brauche ich Ihre Bilder.

Cocini. Er will einen Maler vorstellen . . . Er will den Maler Walter vorstellen.

Holdenau. Dazu brauche ich das Atelier.

Cocini. Und dazu kaufen wir Deine Bilder.

Georg. Ah! Das ist ein Betrug.

Holdenau. Es ist ein Scherz.

Georg. Aber — wozu das Alles?

Holdenau. Das — geht Sie nichts an. Sie können bei diesem Handel nur gewinnen.

Cocini. Du bekommst Geld.

Holdenau. Sie sind ein guter Bekannter eines großen Malers.

Cocini. Du bleibst im Hause.

Holdenau. Und der ganze Scherz dauert vierundzwanzig Stunden. In dieser Zeit ergänzen wir uns gegenseitig. Sie haben das Talent, ich habe das Atelier. Sie führen den Pinsel, ich trage den Sammtrock. Sie haben den Blick für das Schöne, ich habe die Frechheit des Handwerks. Zusammen sind wir ein großer Künstler.

Cocini. Wenn Dein Talent nur halbwegs seine Frechheit erreicht, erobern wir die Welt.

Holdenau. Ich cassiere meine Forderung ein, und Sie bleiben im Hause Derjenigen, die Sie lieben. Und mit meiner Persönlichkeit lancire ich Ihr Talent. Unter Ihr Bild „Der Triumph des Talentes" schreiben Sie statt Georg Hort einfach „Giorgio". Und dann lassen Sie mich nur machen. [Auf das Bild weisend.] Diesem jungen Künstler und dieser kleinen Dame in rosa Tüll wird geholfen werden, so wahr ich Baron Holdenau heiße. Wir kommen in die Kunstausstellung, junger Mann. Wir machen alle diese Leute lächerlich, die sich einbilden, Talent zu haben, und keines haben, und wir blamiren unseren Hausherrn, diesen größenwahnsinnigen Parvenü, der Sie beleidigt hat.

Georg. Ihr Geld nehme ich nicht. Aber ich bin einverstanden.

Holdenau. So halten wir Alle zum Besten und erreichen gemeinsam unser Ziel.

Cocini. Und ich verheirate meine Braut! [Sie reichen sich die Hände.]

(Vorhang.)

Zweiter Act.

Decoration dieselbe. Vom Nachmittag zum Abend.

Dita [sitzt in einem Fauteuil und hält ein Buch in der Hand, aus dem sie halblaut liest]. „Zu Ende des fünfzehnten Jahrhunderts entstand in der römischen Schule, vor Allem durch Raphael, eine eigenthümliche Form der Gruppirung für Heiligenbilder — die sogenannte Raphaelische Pyramide." [Sie klappt das Buch zu und wiederholt.] Zu Ende des fünfzehnten Jahrhunderts... [Pause.] Die sogenannte... Die sogenannte... [Sie versinkt in Träumerei.]

Georg [tritt leise ein, ohne daß Dita merken läßt, daß sie ihn bemerkt hat; er nähert sich ihr sachte von rückwärts und küßt ihre linke Hand, die auf der Lehne des Fauteuils ruht].

Dita [schließt lächelnd die Augen]. Die sogenannte... Raphaelische... Hören Sie, Herr Georg, gehen Sie jetzt wieder. Kommen Sie um 6 Uhr hieher, dann treffen Sie mich allein.

Georg. Warum soll ich jetzt wieder gehen?

Dita. Weil Papa im Nebenzimmer ist —.

Georg [aufgebracht]. Ja, bin ich denn ein Verbrecher?

Dita. Bitte, nicht schreien, bitte!

Georg. Und warum soll ich gerade um 6 Uhr hier sein?

Dita. Weil um 6 Uhr dieses neue Bild im großen Salon ausgestellt werden soll — wie heißt es nur, dieses neue Bild?

Georg. Der Triumph des Talentes.

Dita. Ja, das wird Papa um 6 Uhr enthüllen. Da werden wir ein paar Minuten allein sein können. Wir haben sehr Wichtiges zu besprechen.

Georg [bitter, für sich]. Es ist doch immer gut, wenn man ein Bild gemalt hat!

Dita. Was sagen Sie?

Georg. Ich sage, daß ich heute den letzten Abend in Ihrem Hause verbringe.

Dita. Aber um 6 Uhr kommen Sie, nicht wahr?

Georg. Dita! —

Dita. Pst! [Im Abgehen.] Zu Ende des achtzehnten Jahrhunderts entwickelte sich in Griechenland die sogenannte italienische Pyramide . . .

Georg [stampft mit dem Fuße; durch die andere Thüre wüthend ab]

v. Medinger [mit dem Kritiker Konrad von links]. Na, was sagen Sie zu diesem kleinen Bild?

Konrad [28 Jahre. Mager, vorgebeugt, spärliche Haare. Auf der Nase einen goldumrandeten Kneifer. Um den Mund das fein maliziöse Lächeln des heruntergekommenen Journalisten. Sehr reservirt]. Recht nett! Recht nett!

v. Medinger. Getrauen Sie sich nur, zu loben. Das Bild ist mehr als nett, sag' ich Ihnen. Das Bild ist von einem Meister, Giorgio ist nur ein Pseudonym. Rathen Sie, von wem es ist!

Konrad [mit Ueberlegung]. Es hat in der Technik etwas von Uhde, dort, wo er an Khnopff erinnert, obwohl es auch manches von Besnard hat in diesen eigenthümlich durchleuchteten Farben. Auch an Walter Crane gemahnt es mich, dort, wo er am feinsten ist, obzwar auch die allegorische Schule von Gustav Walter in Paris nicht ohne Einfluß —

v. Medinger. Jetzt haben Sie es. Das Bild ist ein Walter.

Konrad. Wirklich?

v. Medinger. So gewiß, als der Maler aus Paris, der heute bei mir eingetroffen ist, Gustav Walter heißt . . .

Konrad. Na, sehen Sie; na sehen Sie! Hab' ich nicht gleich gesagt, es ist ein Walter? [Er nimmt den Kneifer ab.] . . . Aber wie kommt dieser Maler hieher, Herr kaiserlicher Rath?

v. Medinger. Nun, wahrscheinlich kennt man meinen Namen auch in der französischen Kunstwelt. Und da er wegen dieser dummen Geschichte auf der Flucht ist, was ist natürlicher, als daß er in einem Hause, wie das meinige, seine Zuflucht sucht? Es bleibt übrigens ganz unter uns. Es ist strenges Geheimniss!

Konrad. Für den Kenner gibt es da kein Geheimniss. Es ist ja jeder Zug ein Walter.

v. Medinger. Für Leute wie ich und Sie gibt es da keinen Zweifel. [Verächtlich.] Aber die Andern. Ich wette mit Ihnen, daß der Präsident der Kunstausstellung, der Graf von Hohenheim, das Bild nicht als einen Walter erkennen wird.

Konrad [gehässig.] O der! Der erklärt Ihnen das Bild für einen posthumen Paolo Veronese, wenn Sie wollen!

v. Medinger. Hören Sie: den Grafen will ich mit diesem Bilde blamiren. Und dazu sollen Sie mir helfen.

Konrad. Mit Wonne. Dieser alte Aesthetiker ist ja mein Todfeind. Wissen Sie, was er über meine Broschüre „Talent" gesagt hat? Sie kennen doch meine Broschüre „Talent"?

v. Medinger. Brillant!

Konrad. Und wissen Sie, was er gesagt hat?

v. Medinger [unterbricht ihn]. Das ist noch gar nichts. Aber wissen Sie, was er über die Bilder meines Sohnes gesagt hat? — Sie kennen doch die Bilder meines Sohnes?

Konrad. Brillant! — Aber das ist noch gar nichts —

v. Medinger. „Conventionell!" hat er gesagt. „Keine Eigenart". Mein Sohn keine Eigenart! — Na wart', Du feiner Kenner, Dich werde ich blamiren.

Konrad. Was kann ich dazu beitragen, sagen Sie?

v. Medinger. Merken Sie auf. Meinen Gästen müssen wir sagen: Dieses Bild ist das Werk eines ganz jungen Talentes. Der Maler will es so haben — spasseshalber.

Konrad. Ganz gut.

v. Medinger. Wenn aber die Leute hören, ein Bild ist von einem jungen Talente, so haben sie nicht das geringste Interesse dafür. Was wollen Sie, die Leute, die kein eigenes Urtheil haben, sind nun einmal so. Deshalb hab' ich Sie eingeweiht. Sie müssen Stimmung machen für das Bild. Sie müssen sagen . . .

Konrad. Ich werde eine Rede halten. Ich werde sagen: Seit zehn Jahren habe ich kein hübscheres Bild gesehen.

v. Medinger. So ist es. Wenn der Graf von Hohenheim dann später kommen wird, muß er die Stimmung schon vorbereitet finden. Und dann beginnt meine Aufgabe. Sie wissen doch, sein Sport ist, junge Talente zu entdecken. Gut. Ich werde ihn vor das Bild führen und sagen: „Herr Graf, da ist ein junges Talent. Entdecken Sie es". Das Bild wird ihm natürlich gefallen. Den Maler braucht er gar nicht kennen zu lernen. Ich werde sagen: Ich übernehme alle Garantien für den jungen Künstler. Und der Herr Graf wird den Triumph des Talentes in die Ausstellung bringen.

Konrad. Und dann?

v. Medinger. Und dann wird der Herr Graf im Größenwahn herumgehen, ein junges Talent entdeckt zu haben, bis er eines Tages erfahren wird, daß er den Gustav Walter entdeckt hat.

Konrad [reibt sich die Hände]. Und zwar wird er das durch mich erfahren. Warten Sie nur, Herr Graf . . .

v. Medinger. Warten Sie nur, Herr Graf. Mein Sohn keine Eigenart! Ich werde Ihnen schon zeigen: Keine Eigenart! Ueberhaupt, mein Sohn braucht Sie gar nicht, Herr Graf. Ein Talent wie mein Sohn, ist viel zu fein für Deutschland! Mein Sohn wird in Paris debütiren!

Konrad. In Paris? — Ah, Sie meinen, dieser Maler Walter — wird den Herrn Sohn protegiren? Aus Revanche?

v. Medinger. Nennen Sie es Revanche. Endlich einmal muß ja das Talent sich durchsetzen!

Liane [durch die Mitte]. Guten Tag. [Konrad begrüßt sie.]

v. Medinger. Ist Dein Mann schon zurück?

Liane. Der Wagen ist soeben vorgefahren.

v. Medinger. Was ich sagen wollte. Er darf nichts erfahren. Kein Wort. Bei seinen Ansichten, ich bitte Dich. Von Holdenau — Gesandtschafts-Secretär — ein Freund von Percy. Nichts weiter. — Was sagst Du übrigens zu diesem Maler?

Liane. Ach, ein reizender Mensch. Ganz so, wie ich ihn mir vorgestellt habe. Und wie liebenswürdig er ist. Als ich vorhin mit Athalie bei ihm war, um ihn zu bitten, eines seiner mitgebrachten Bilder bei uns auszustellen, da küßte er mir nur die Hand und sagte: „Schöne Frau, Ihr Wunsch ist mir Befehl." Ist das nicht hübsch von so einem großen Mann?

v. Medinger [zu Konrad]. Sehen Sie, das ist mein Einfluß. — Weißt Du, was ich mir gedacht habe? Vielleicht macht er ein Bild von Dir.

Liane. Ach, ich habe gleich daran gedacht. Aber glaubst Du, daß er es thun wird?

v. Medinger. Du mußt ihn bitten. Was meinst Du, wenn Dein Bild so im Glaspalast hängen würde: „Gustav Walter, Studienkopf". Und die Leute würden sagen: Das ist die Tochter von dem Medinger.

Liane. Ach! Und dann könnte ich Arnold mit dem Bilde überraschen. Zu unserem Hochzeitstag ... Da bekäme er gleich eine andere Meinung von der Kunst.

Dr. Kramer [im Ueberrock]. Guten Tag.

v. Medinger. Grüß' Dich, Arnold. Wie geht's der Lorion?

Dr. Kramer [unwirsch]. Gut. Sie will eine Gagenerhöhung erzwingen, nichts weiter.

v. Medinger [vorstellend]. Herr Schriftsteller Konrad — Herr Doctor Kramer, mein Schwiegersohn.

Konrad Der Herr Doctor ist gewiß auch Schriftsteller.

Dr. Kramer. Verzeihen Sie, nein — ich bin. [Zu Liane.] Wenn ich ihm jetzt sage: Ich bin ein anständiger Mensch, wird er beleidigt sein, nicht wahr?

v. Medinger. Wir haben einen Gast bekommen während

Deiner Abwesenheit. Von Holdenau — Gesandtschafts=Secretär — ein Freund von Percy. Er bewohnt den Pavillon —

Dr. Kramer. Ein Künstler?

v. Medinger. Du hörst: Gesandtschafts=Secretär. — Kommen Sie, Herr Konrad, ich will Ihnen noch den Hunt zeigen, den man mir heute angeboten hat. Du kannst auch mitkommen, Liane.

Konrad [zu Dr. Kramer, liebenswürdig]. Kommen Sie nicht auch mit, Herr Doctor?

v. Medinger. Lassen Sie ihn, mein Schwiegersohn hat nicht das richtige Verständnis für diese Dinge.

Dr. Kramer. So ist es. Ich weiß zum Beispiel gar nicht, was das ist: ein Hunt.

Liane. Aber Arnold, das ist doch ein englischer Maler.

Konrad [im Abgehen, kopfschüttelnd]. Daß es Menschen geben kann, die nicht wissen, was ein Hunt ist... [v. Medinger, Konrad und Liane nach rechts.]

Dr. Kramer [erbost]. Lia!

Liane. Gleich Papa! Was willst Du?

Dr. Kramer. Dieser Hunt ist Dir also wichtiger als ich? Warum hast Du denn mich geheiratet? Warum hast Du nicht den Hunt geheiratet?

Liane. Aber, Arnold, ich bitte Dich, was hast Du denn schon wieder?

Dr. Kramer. Was ich habe? Ich habe den Ueberrock noch nicht abgelegt und muß schon über Kunst sprechen. Und das wird heute wieder den ganzen Abend so fort gehen. Das halte ich nicht aus. Und überhaupt, mein Freund, der Doctor Robert, gibt heute Abend ein intimes Collegenbankett, zu dem auch ich eingeladen bin.

Liane [erregt]. Du darfst nicht weg gehen. Wenn Papa eigens uns zu Ehren eine große Künstler=Soirée gibt —

Dr. Kramer. So muß ich mich auf dieser Soirée zu Tode langweilen.

Liane. Du bist unausstehlich. [Sie schmollt.]

Dr. Kramer. Lia, meine liebe, kleine Frau! Jetzt sind wir ein ganzes Jahr verheiratet und haben uns noch nie ein böses Wort gegeben. Und wir kommen auf zwei Tage in dieses verwünschte Haus und zanken uns.

Liane. Weil Du mir absichtlich wehe thust. Du sagst, „dieses verwünschte Haus" und weißt, wie wohl ich mich hier fühle, von großen Künstlern umgeben.

Dr. Kramer. Mich interessiren sie eben nicht, diese großen Künstler.

Liane. So? Sie interessiren Dich nicht ... Aber wenn zum Beispiel so ein großer, großer Bildhauer sich in mich verlieben würde.

Dr. Kramer. Was?

Liane. Ich meine: vom künstlerischen Standpunkt. Und wenn er mich nun in Marmor meißeln würde, natürlich nur den Kopf — und — und den Hals. Und dieser Kopf wäre Dir gleichgiltig?

Dr. Kramer [nimmt ihren Kopf in die Hände]. Dieser Kopf und dieser Hals sind mir durchaus nicht gleichgiltig. Aber der große, große Bildhauer und der Marmor interessiren mich gar nicht.

Liane. Sie werden Dich schon einmal interessiren ... Aber nicht wahr, Du bleibst? Ich will Dich doch Papa's Gästen zeigen. Ich bin doch so stolz auf meinen wilden Gebieter. [Schmeichlerisch.] Nicht wahr, Du gehst nicht zu diesem Bankett?

Dr. Kramer. Ich will mir Mühe geben, zu bleiben. Aber, bevor ich einen Todtschlag begehe, gehe ich doch lieber weg.

Liane [zieht ihn an der Hand]. Komm' nur jetzt einmal diesen Hunt besichtigen.

Dr. Kramer. Geh' nur voraus, liebes Herz. Ich komme Dir gleich nach. Ich habe nur noch dem Diener einen Auftrag zu geben. [Liane ab. Dr. Kramer ruft.] Wilhelm! Wilhelm!

Cocini [kommt bleich, matt]. Herr Doctor —

Dr. Kramer. Einen Augenblick, Herr Cocini. [Cocini zieht sich hüstelnd vor ein Bild zurück. Dr. Kramer zu Wilhelm, so daß Cocini nichts hört.] Passen Sie auf, Wilhelm, Sie sind ja ein gescheidter Mensch. Wenn ich Sie rufen werde, zweimal nacheinander mit lauter Stimme: „Wilhelm! Wilhelm!", so kommen Sie mit diesem Brief, [Gibt ihm einen Brief.] sagen, ein Dienstmann hätte ihn soeben gebracht und ich möchte ihn sofort lesen. Ich werde mich zum Schein sträuben und etwas Anderes verlangen Aber Sie sagen, ich solle ihn sofort lesen, es handle sich um einen Unglücksfall. Verstehen Sie mich: um einen Unglücksfall. Haben Sie mich verstanden?

Wilhelm. Um einen Unglücksfall? Sehr wohl, Herr Doctor.

Dr. Kramer. Sie können gehen. [Für sich.] Das ist ein Recept wie ein anderes.

Cocini Herr Doctor, mir ist schlecht.

Dr. Kramer. Warum? Haben Sie sich vielleicht verlobt?

Cocini. Ich fürchte, ich werd' mich nicht verloben können. Ich fürchte, ich bin krank.

Dr. Kramer. So?

Cocini. Ich habe Stechen in der Brust. [Er hustet.] Aber schon seit einem halben Jahre.

Dr. Kramer. So? [Er legt das Ohr an seine Schulter.] Athmen Sie tief. [Cocini athmet tief mit einem schweren Seufzer.] Wissen Sie was? Gehen Sie nach dem Süden. Aber heute noch — und — und — bleiben Sie dort.

Cocini. Danke, Herr Doctor! [Dr. Kramer ab. Cocini tanzt vor Vergnügen.] Nach Italien! Nach Italien!

Athalie [erscheint. Sowie Cocini sie bemerkt, wird er melancholisch und sinkt in einen Fauteuil]. Ugolino.

Cocini. Was willst Du?

Athalie. Ich hab' ein Lied geschrieben. Ich bin neugierig, ob Du es verstehst.

Cocini. Gewiß, ich verstehe es.

Athalie. Das würde mich sehr wundern. Denn bis jetzt hat es noch Niemand verstanden. [Geheimnisvoll.] Es ist nämlich symbolisch.

Cocini. Ich verstehe es trotzdem.

Athalie. Also gut. Ich werde es lesen und Du wirst es mir erklären. Willst Du?

[Cocini will nicht.]

Athalie [beginnt].

Siehst den Falter Du am Halme,
Wie er seine Lippen preßt
Träumend in den Kelch des Halmes
Und sich nicht entfernen läßt?

Verstehst Du das?

Cocini. Leicht, ganz leicht. Er läßt sich nicht entfernen, der Falter.

Athalie. Ja. [Neckisch.] Aber wen meine ich mit dem Falter?

Cocini. Wen?

Athalie. Mich meine ich. Der Falter, das bin ich.

Cocini. Aha! Du läßt Dich nicht entfernen.

Athalie. Und der Halm? Wer ist der Halm? Das ist nämlich Alles symbolisch.

Cocini Das weiß ich nicht. Wie soll ich wissen, wer der Halm ist?

Athalie. Aber das bist doch Du, Du Kind.

Cocini. Gut.

Athalie [liest weiter].

Doch da kommt ein rauher Knabe
Und er reißt mit starker Hand
Weg den Falter von dem Halme,
Wirft den Leichnam in den Sand . . .

Cocini. Der Leichnam bist Du?

Athalie. Bin ich. Aber wer ist der rauhe Knabe?

Cocini. Das weiß ich nicht. Das weiß ich wirklich nicht.

Athalie. Der rauhe Knabe, das ist das Leben. Das Leben, das die Liebenden auseinanderreißt.

Cocini [tief melancholisch]. Das Leben . . . Jawohl, es reißt uns auseinander . . . [Er bedeckt die Augen mit der Hand.] Jawohl . . . Jawohl . . .

Athalie. Ugolino, Du weißt doch, daß ich Dich liebe. Der Falter wird den Halm nie verlassen. Er wird sich mit seinem Rüssel festsaugen . . .

Cocini. Dann wird der rauhe Knabe ihm den Rüssel ausreißen . . . Nein, nein, wir haben uns nur zu unserem Unglück gefunden. Glaub' mir, Athalie, ich verfluche den Tag, da wir uns begegneten.

Athalie. Aber Ugolino . . .

Cocini [herzlich]. Um Deinetwillen, nur um Deinetwillen . . . Sieh Athalie, ich bin Deiner nicht werth.

Athalie. Aber —

Cocini. Ich bin Deiner nicht werth. Was bin ich denn, was kann ich Dir bieten? Ich bin zu jung für Dich, ich bin jünger als Du . . .

Athalie. Aber Ugolino.

Cocini. Na, reden wir nicht darüber . . . Ich bin launenhaft — Du siehst, ich kenne meine Fehler — ich bin unausstehlich.

Athalie. Aber . . .

Cocini. Pst! Ich bin unausstehlich. Ich bin nicht einmal hübsch.

Athalie. Du bist schön!

Cocini. Weil Du in mich verliebt bist. Ich bin gar nicht hübsch. Ich bin wirklich nicht hübsch . . . Und ich bin arm.

Athalie. Aber ich bin reich.

Cocini. Du hast eine Mitgift von 100.000 Gulden. Das ist nicht viel, Athalie. Das ist gar nicht viel . . . [Pause.] Mit dieser Mitgift kannst Du Dir nicht den Luxus erlauben, einen armen Schlucker zu heiraten, wie ich es bin. Du mußt einen reichen Mann heiraten, einen großen Mann, einen berühmten Mann. Einen Mann — wie unser neuer Gast einer ist, ja, ja, das wäre ein Mann für Dich. Und er würde Dich heiraten. O, auf der Stelle würde er Dich heiraten. Und Du würdest glücklich mit ihm werden. [Da Athalie widersprechen will, erbost.] Du würdest glücklich mit ihm werden! Und wer hindert Dich daran, glücklich zu werden? Ich. Ich. Ich. Nein, dieses niederdrückende Bewußtsein ertrage ich nicht länger. Ich gebe Dich frei.

Athalie. Ugolino, wenn Du mich liebst, sprichst Du nicht so, sondern verlobst Dich mit mir.

Cocini. Weil ich Dich liebe, kann ich mich nicht mit Dir verloben, darf es nicht. Ich wäre ein charakterloser Wicht, ich wäre ein Verbrecher, wenn ich mich mit Dir verloben würde. Ich bin kein

Verbrecher. Ich verlobe mich nicht. Ich gebe Dir Dein Wort zurück, Du bist frei.

Athalie [hingerissen]. Du bist so edel, Ugolino. Du willst mir Dein Glück, Du willst mir Deine Liebe opfern.

Cocini [brutal]. Aber, ich liebe Dich ja gar nicht.

Athalie [hält ihm mit einer neckischen Geberde den Mund zu]. Still! — Das sagst Du nur. Aus Edelmuth sprichst Du so. O, ich kenne Dich! — Aber ich bin ebenso edel wie Du. Ich erneuere Dir mein Wort. Ich will keinen reichen, keinen großen, keinen berühmten Mann. Ich will nur Dich! [Sie umschlingt ihn, der widerstrebt.]

Cocini [außer sich]. Also gut, Du zwingst mich dazu. Ich habe es Dir nicht sagen wollen. Ich kann nicht heiraten, denn ich bin krank. Ich bin ein kranker Mann. Dein Schwager hat mich vorhin untersucht, und er wünscht, daß ich nach dem Süden gehe.

Athalie. Nach dem Süden?

Cocini. Jawohl. Ich werde morgen abreisen. Nehmen wir Abschied, Athalie.

Athalie. Nie. Ich gehe mit Dir nach dem Süden.

Cocini. Was?

Athalie. Jetzt, da Du krank bist, sollte ich Dich verlassen? Nein, Ugolino, nein! Und wenn Du mich hundertmal zurückstößt, ich werde Dir folgen. Ich werde Dich pflegen, ich werde Dich behüten, ich werde um Dich sein Tag und Nacht. Tag und Nacht. Bis jetzt, Ugolino, war es nur die Liebe, die mich an Dich band. Jetzt aber, Ugolino, jetzt ist es meine **Pflicht**.

Cocini. Aber Athalie! Aber Athalie!

Athalie. Du Lieber! [Sie schlingt beide Arme um seinen Hals; er sträubt sich mit Händen und Füßen.]

Cocini. Man kommt.

Athalie. Es ist mir gleich.

[v. Holdenau mit Liane erscheinen.]

Cocini [macht sich von Athalie los. Wüthend]. Aber mir nicht! [Nach rechts, ohne von Holdenau Notiz zu nehmen. Athalie eilt ihm nach.]

Holdenau. Schau, schau! Dieser Cocini.

Liane [erklärend.] Sie sind ja verlobt.

Holdenau [überrascht]. Ah! Herr Cocini ist mit Ihrem Fräulein Schwester verlobt? Mit dieser Blondine?

Liane. Ja. Noch nicht officiell, allerdings.

Holdenau. O, Du Gauner!

Liane. Sie sagen?

Holdenau. Nichts. Ich sagte nur: Sie macht eine gute Partie. — Sie haben es hier sehr hübsch. Und sehr behaglich fühlt man sich in Ihrem Hause. Auch der Pavillon ist reizend eingerichtet. Ich möchte immer hier bleiben.

Liane. Bleiben Sie immer.

Holdenau. Es geht nicht. In 24 Stunden muß ich weiter.

Liane. Wie schade.

Holdenau. Schöne Frau —

Liane. Setzen wir uns. — Sie finden mich also schön.

Holdenau. Darf ich Ihnen sagen, wie schön ich Sie finde?

Liane. Sie sind ein Künstler. Sie dürfen es

Holdenau. Sie sind schön wie eine Frühlingsnacht!

Liane. Oh! —

Holdenau. Sie sind schön wie ein Maientag.

Liane. Ah!

Holdenau. Diese weichen, runden Linien.

Liane [züchtig]. Mein Herr . . .

Holdenau. O lassen Sie den Künstler verweilen bei jedem holden Liebreiz Ihrer märchenhaften Huld! . . .

Liane. Genug.

Holdenau. Nein, nicht genug. Noch lange nicht genug! Wo fände ich Worte und Farben, den Zauber Ihres Antlitzes zu schildern?

Liane. Sie machen mich glücklich.

Holdenau. Die Pracht dieser weißen Stirn, von schwarzen Locken wie von tausend Schlangen umringelt.

Liane. Welche Phantasie!

Holdenau. Diese runden Brauen, Triumphbogen der Schönheit Ihres Auges. Und dieses Auge, dieser blitzende Edelstein, der unter schweren Lidern einen lächelnden Liebestraum verbirgt.

Liane. Genug.

Holdenau [unaufhaltsam]. Und diese edle Nase, um deren zitternde Flügel die Grazien in tausend Launen spielen.

Liane. Hören Sie auf!

Holdenau. Und dieser heiße, weiche Mund, o dieser blühend holde Mund!

Liane. Zuviel, mein theurer Meister. Ich scheine Ihnen zu gefallen.

Holdenau. Gefallen, o! . . . Was für ein armes Wort ist das: Gefallen!

Liane. Ich will Ihnen gefallen. Ich habe ja eine Bitte an Sie.

Holdenau. Eine Bitte? Befehlen Sie, schöne Frau.

Liane. Malen Sie mich.

Holdenau. Ich — soll — Sie — malen?

Liane. Wenn ich Ihnen so gefalle ... Nur ein kleines Bild, eine Skizze, ein Studienkopf ...

Holdenau. Aber warum eine Skizze? — Ein Portrait. In Lebensgröße. Ueberlebensgroß. So groß wie diese Wand. Das ist mir ganz egal.

Liane. Aber wenn Sie nur 24 Stunden bleiben wollen ...

Holdenau. Ja so ... Da reicht die Zeit nicht. Also eine Skizze; eine Kreidezeichnung. Und ich habe sogar eine Idee für diese Zeichnung.

Liane. Ah!

Holdenau. Ich zeichne Sie als „Mai". Als Mai. Eine dunkelrothe Rose im Haar.

Liane. Aber auf einer Kreidezeichnung ...

Holdenau. Ja so — Kreidezeichnung. Gleichgiltig. Die Rose muß dunkelroth sein. Darauf bestehe ich. Es ist das eine Künstler= laune, wenn Sie wollen.

Liane. Wissen Sie, daß ich schon einmal als „Mai" war, auf einem Costümball?

Holdenau. Wirklich? ...

Liane. Ja ... Aber, wenn Sie mich zeichnen wollen, dazu muß ich wohl ins Atelier kommen?

Holdenau. Natürlich. Und zwar heute noch, denn morgen muß ich fort.

Liane. Aber es ist ja jetzt schon beinahe Abend.

Holdenau. Das ist mir egal. Ich zeichne am Abend ebensogut wie bei Tage.

Liane. Aber — aber mein Mann; er soll nichts davon wissen.

Holdenau. Das ist wahr. Er soll nichts davon wissen. Ich kenne ihn zwar nicht, Ihren Herrn Gemahl ...

Liane. Er würde es nie erlauben.

Holdenau. So? Ein komischer Mann. Nun, Sie werden einfach nach dem Souper ein Unwohlsein vorschützen und hinüberkommen.

Liane. Es geht nicht. Mein Mann ist ja Arzt.

Holdenau [ungeduldig]. Ja, entschuldigen Sie, meine Gnädige, die Profession Ihres Herrn Gemahls ist mir ganz gleichgiltig. Die Sache geht ja überhaupt Ihren Mann gar nichts an. Ich soll ja Sie zeichnen und nicht Ihren Herrn Gemahl ... [Arrogant.] Uebrigens, ich bitte Sie ja nicht, meine Gnädige, wenn es mir auch ein Ver= gnügen machen wird, Sie in meinem Atelier zu empfangen. Zu denen, die bitten, gehören wir nicht.

Liane. Verzeihen Sie mir.

Holdenau. Wenn Sie kommen.

Liane. Wenn es unbemerkt geschehen kann ...

Dita [kommt, ausrufend]. Der Triumph des Talentes wird enthüllt! Der Triumph des Talentes wird enthüllt. Meine Herren und Damen, der Triumph des . . . [Sie bemerkt Holdenau.] Guten Abend.

Holdenau [verbeugt sich]. Aha, das kleine Fräulein in rosa Tüll. [Beifällig.] Nun, für einen Anfänger wie Herr Hort ist . . .

Liane [lachend]. Sie wissen also schon?

Holdenau. Ich weiß Alles.

Dita. Ich auch. Ich weiß auch Alles.

Holdenau. Was wissen Sie, mein kleines Fräulein?

Dita. Nun, daß Sie wegen dieser Frau Conturiel . . .

Liane. Pst!

Holdenau. Pst! [Pause.]

Dita. Was halten Sie von Herrn Hort? Hat er Talent?

Holdenau. Ein großes Talent, mein kleines Fräulein.

Dita. Nicht wahr? Ich sage auch immer, er hat Talent, aber Papa — [Es schlägt 6 Uhr.] Uebrigens Papa läßt bitten. Er erwartet Sie nebenan im großen Salon. Das Bild wird enthüllt.

Liane. Kommen Sie, bitte.

Holdenau [bietet ihr den Arm]. Meine Gnädige — [Zu Dita.] Ihr Herr Papa wird schon einsehen, daß Herr Hort Talent hat. [Ab mit Liane.]

Georg [kommt sehr aufgeregt, geht an Dita vorbei, auf die Thüre in den großen Salon zu]. Sind schon Alle beisammen?

Dita. Ja. [Pause.] Herr Georg . . .

Georg. Hören Sie, hören Sie nur! —

Dita. Was gibt es denn?

Georg [immer an der Thüre]. Der Kritiker Konrad hält eine Rede. Der große Konrad spricht über dieses kleine Bild. Haha! Was? Das graziöseste Bild der letzten zehn Jahre . . . Reizende Idee . . . Entzückende Farbengebung . . . Ein feines, liebenswürdiges Talent. Ein kleines Meisterwerk! . . . Haha! Haha! Und sie murmeln Beifall und Alles bewundert und Alles staunt! . . . Und Alles das, weil man . . . Haha! Haha! Und **für diese Leute malt man!**

Dita. Herr Georg, hören Sie: Ich hab' eine fürchterliche Scene mit Papa gehabt. Ihretwegen. Er schickt mich morgen nach Dresden zur Großmama . . . .

Georg [horcht weiter]. Dieses Bild muß in die Ausstellung. So, so —. Gesindel.

Dita. Ja, was haben Sie denn? Sie sehen mich ja gar nicht. Es ist Ihnen also ganz gleichgiltig, daß ich nach Dresden geschickt werde?

Georg [noch immer an der Thüre]. Bravo! Bravo! Das Bild macht Furore.

Dita [weinerlich]. Aber hören Sie doch. Ich werde morgen nach Dresden geschickt . . .

Georg [verläßt die Thüre]. Sie werden nicht nach Dresden fahren, Dita! —

Dita. Wie wollen Sie das hindern?

Georg. Das werde ich Ihnen erklären. Noch heute Abend, Dita, ich muß Sie sprechen!

Dita. Nun, ich glaube, Sie sprechen mich doch!

Georg. Nicht hier! Hier nicht! Hier kann ich nicht sprechen. An jedem Worte glaub' ich zu ersticken. Ich bin ja hier nur geduldet! — Dita, ich habe Sie noch nie um ein Stelldichein gebeten, nicht wahr, obwohl ich Sie liebe, obwohl ich Sie anbete. Wir waren zu stolz, um solche Heimlichkeiten zu begehen. Sie wissen das. Aber heute bitte ich Sie: Kommen Sie nach dem Souper ins Atelier hinüber.

Dita. Ins Atelier? Aber bedenken Sie, was wird man denken?

Georg. Seit anderthalb Jahren bedenken wir das täglich und stündlich. Aber einmal im Leben darf man auch aufhören zu bedenken, was man denken wird. Und dann, was wird man denken, Dita? Was kann man denken? Kommen Sie, Dita. Ich habe ein Recht, so zu sprechen. Und wenn ich es im Augenblick vielleicht noch nicht habe, in wenigen Stunden werde ich es haben. Jahrelang habe ich mich ducken müssen vor all' diesen halben Existenzen, vor all' diesen frechen Strümpern und eitlen Narren, vor all' diesen Talentirten, die gerne Talent haben möchten. Nun ist meine Zeit gekommen. Es kommt für Alles eine Zeit. Und es kommt eine Zeit, wo das Talent über Frechheit und Hochmuth triumphirt!

Dita. Ich verstehe Sie nicht.

Georg. Sie werden mich verstehen. Ich werde Ihnen mein Geheimniß anvertrauen . . . [Er ergreift ihre Hände.] Meine süße, kleine Dita . . .

v. Medinger [kommt aus dem großen Salon. Verlegenheitspause.] Herr Hort, möchten Sie sich nicht auch den Triumph des Talentes ansehen?

Georg. Herr kaiserlicher Rath, ich werde so frei sein. [Ab.]

v. Medinger [streng]. Die Tändelei mit diesem jungen Mann muß aufhören. Du fährst morgen Früh zur Großmama.

Dita. Papa!

v. Medinger. Du fährst. — Wenn dieser junge Mann ein Comptoirist wäre, ich hätte nichts dagegen. Aber dieser junge Mann bildet sich ein, er hat Talent. Wie verblendet die Menschen sind: Er bildet sich ein, er hat Talent.

Dita. Er hat es auch.

v. Medinger. Wenn ich Dir sage, er hat keines. Es hat nicht Jeder Talent, mein Kind. — Percy hat Talent, dieser junge Mann hat keines. Diesem jungen Mann geb' ich meine Tochter nicht. Dieser junge Mann . . .

Dita. Ich bitt Dich Papa, sag' nicht immer: „Dieser junge Mann". Das vertrag' ich nicht, nein, ich vertrag' es nicht. Er ist nicht „dieser junge Mann". Er ist ein bedeutender Mensch. Jawohl. — Ich habe Kopfschmerzen, guten Abend!

v. Medinger [allein]. Athalie hat Kopfschmerzen, Dita hat Kopfschmerzen. Alle meine Töchter haben Kopfschmerzen.

[Die Gesellschaft strömt aus dem Salon auf die Bühne.]

Holdenau [mit einem Kritiker]. Famoses Bild, was? Einer, der was kann, dieser „Giorgio?"

Erster Kritiker. Giorgio . . . Giorgio . . . Eigentlich ist mir dieser Name neu.

Holdenau [höchst erstaunt]. Was? — Aber das ist ja gar nicht möglich!

Erster Kritiker [verlegen]. Zumindest kann ich mich im Augenblick nicht erinnern. Zumindest habe ich schon lange nichts von ihm gesehen.

Holdenau. Aber erinnern Sie sich doch nur. Vor zwei Jahren im Glaspalast, dieses kleine Bild, „Der Ruhm" glaub' ich hieß es, oder so . . .

Erster Kritiker. Ich erinnere mich. „Der Ruhm"! „Der Ruhm" hat es geheißen.

Holdenau. Na, sehen Sie. — [Er entfernt sich.]

Zweiter Kritiker [zum ersten Kritiker]. Giorgio . . . Giorgio . . . Ein ganz neuer Name das . . .

Erster Kritiker. Neu? — Das ist ja dieser Giorgio, wissen Sie. Vor zwei Jahren im Glaspalast . . . „Der Ruhm", wissen Sie.

Zweiter Kritiker. Der ist das?

Erster Kritiker. Das ist dieser Giorgio.

Der Symbolist [caricirt modern gekleidet. In die Stirne gekämmtes Haar. Er ist zu faul, den Mund zum Sprechen zu öffnen, er hält ihn deshalb immer offen, auch wenn er schweigt]. Feines Talent, dieser Giorgio. Freut mich, daß wir ihn entdeckt haben.

Erster Kritiker. Entdeckt? Entdeckt möchte ich eigentlich nicht sagen. Schon sein erstes Bild verrieth eine große Begabung . . . Nach dem „Ruhm" hat mich der „Triumph des Talentes" eigentlich gar nicht überrascht. Ich habe das vorausgesehen. [Sie sprechen weiter.]

Holdenau [mit v. Medinger]. Ich bin entzückt, Herr kaiser=

licher Rath. Soviel Geist, soviel Feinheit, soviel Talent hab' ich noch nie in einer Gesellschaft vereint gesehen ...

v. Medinger. Es ist eben ein Talent von mir, Talente an mich zu ziehen. Aber Sie kennen noch nicht einmal Alle. Lassen Sie sich vorstellen.

Holdenau. Als Holdenau — Gesandtschafts-Secretär natürlich.

v. Medinger. Natürlich — das ist doch der Spaß. [Er stellt ihn vor.] Von Holdenau, Gesandtschafts-Secretär — Schriftsteller Aldo.

Schriftsteller Aldo. [Der Schiller-Feind. Raich.] Entschuldigen Sie, was halten Sie von Schiller? —

Holdenau. Von? ... [v. Medinger nimmt ihn beim Arm, um ihn einer Dame vorzustellen. Holdenau zu Aldo.] Verzeihen Sie, ich komme gleich auf Ihre Frage zurück.

v. Medinger [vorstellend]. Herr Robert von Holdenau — Frau Helma Korwinsky, unsere erste Heroine. [Holdenau verbeugt sich.] Was ich Ihnen sagen wollte, gnädige Frau. Ich habe Sie neulich als Medea gesehen. Ich bin mit Ihrer Auffassung der Medea nicht ganz einverstanden. Meine Auffassung von der Medea ist eine andere. Hören Sie mir zu. Sie werden mir dankbar sein. [Sie sprechen weiter.]

Dr. Kramer [mit Georg]. Sie kennen diese Leute alle?

Georg. Leider, Herr Doctor.

Dr. Kramer. Wissen Sie, ich glaube, Sie und ich, wir sind die einzigen zwei in der Gesellschaft, die kein Talent haben.

Georg [gutmüthig lachend]. Wie Sie meinen, Herr Doctor.

Dr. Kramer. Das heißt, Pardon! Ich wollte sagen, wir sind die einzigen Zwei anständigen Menschen in der Gesellschaft. Und deshalb wollen wir uns zusammen über die Anderen lustig machen. Sind Sie dabei?

Georg. Mit Vergnügen.

Dr. Kramer. Also sagen Sie, wer ist denn dieser junge Mann dort mit den müden Augen und der farbigen Cravatte?

Georg. Das ist ein sehr interessanter Künstler, das. Der trägt nämlich nie an zwei Tagen im Monate dieselbe Cravatte. Aber jede Cravatte, die er anlegt, ist ein Kunstwerk an Form und Colorit.

Dr. Kramer. Und auf welchem Kunstgebiet ist der junge Mann außerdem noch thätig?

Georg. Wie so viele hochbegabte Naturen, hat er sich noch nicht für ein bestimmtes Gebiet der Kunst entschieden. Er hat sich in der realistischen Novelle versucht, aber ich muthmaße, daß er zur Malerei hinneigt.

Dr. Kramer. Und wer ist denn jene tiefdecolletirte Dame dort mit dem verwelkten Gesicht?

Georg. Das ist Helma von Korwinsky, unsere erste Heroine. Sie war schon vier Jahre mit einem kleinen Beamten verheiratet, der sie abgöttisch liebte, als sie eines Tages ihr Talent entdeckte. Ein feuriger Liebhaber soll sie darauf aufmerksam gemacht haben. Da verließ sie Mann und Kinder und ging zur Bühne. Sie ist eine bedeutende Begabung. Insbesondere das Dirnenhafte in gewissen modernen Rollen weiß sie meisterhaft zu verkörpern ... Und das ist heutzutage sehr beliebt.

Dr. Kramer. Sehen Sie einmal diesen jungen Mann dort in einem Kreise bewundernder Damen. Wer ist das?

Georg. Sie kennen ihn nicht? Das ist der Symbolist. Er ist ein Schulkamerad von mir. Mit sechzehn Jahren wurde er aus dem Gymnasium hinausgeworfen. Seither lebt er ganz der Kunst. Er schreibt symbolistische Lieder, die von den Lebenden kein Mensch versteht. Aber er beruft sich darauf, die Todten würden ihn verstanden haben. Sein Vater hat ein Zwirngeschäft und muß sich von Früh bis Abends plagen. Denn der berühmte Sohn braucht viel Geld. Was wollen Sie, Dichter brauchen immer viel Geld. Er ist ein Liebling der Frauen. Von Zeit zu Zeit verdreht er einem anständigen Mädchen den Kopf. Nach einigen Wochen läßt er sie sitzen. Er sagt, Goethe habe es ebenso gemacht. — Aber sehen Sie dort den würdigen Herrn mit dem langen Bart, der in das Gewühl hineinblickt mit einer Miene, als dächte er nach?

Dr. Kramer. Der jetzt eben gähnt?

Georg. Ja, das ist der geistreichste Mann der Gesellschaft. Er redet oft tagelang kein Wort. Aber wenn er den Mund aufthut, schweigt Alles. Denn was er spricht, ist immer eine Offenbarung. Allerdings kann er davon nicht leben, und seine Töchter geben heimlich Clavierstunden, weil der Papa so geistreich ist. Kommen Sie, dem muß ich Sie vorstellen, Herr Doctor. [Sie treten auf den geistreichen Mann zu, der sich mit stummer Affectation verbeugt. Stumm und regungslos steht ihm der Doctor eine Zeit lang gegenüber. Dann dreht er ihm den Rücken.]

Helma v. Korwinsky [mit v. Medinger]. Sie meinen also, Herr kaiserlicher Rath, ich sollte Medeen's Mutterliebe etwas weniger betonen —

v. Medinger. Und die beleidigte Frau mehr.

Helma v. Korwinsky. Nein, Herr kaiserlicher Rath. Gegenüber der Mutterliebe schweigen alle anderen Gefühle. — Die Mutterliebe ... Herr kaiserlicher Rath, die Mutterliebe ...

v. Medinger. Denken Sie nach über das, was ich Ihnen gesagt habe.

Helma v. Korwinsky. Jedenfalls staune ich über Ihr feines Verständniß!

v. Medinger. Verständniß! Meine liebe Gnädige, wenn ich etwas gelernt hätte, ich wäre ein Talma geworden. [Er geht zu Lane hinüber.] Du Lia, Dein Mann ist ein ganz ungebildeter Mensch. Wenn ich Dir sage, ein ganz ungebildeter Mensch. Namen wie Verboletti, Knauser, Krisansky, Duchameau — kennt er nicht. Er kennt sie nicht. Kann man mehr sagen? Und er weiß nicht, daß die Gemälde=Aus= stellung auf französisch „Salan" heißt? Nun, kann man mehr sagen? [Er mengt sich in die Gesellschaft.]

Dr. Kramer [scheint die Leute zu zählen und nähert sich dabei seiner Frau]. Du, Lia, jetzt hab' ich sie gezählt: 17 mittlere und 11 große Talente. Das ist zu viel. [Er sinkt in einen Fauteuil.]

Liane. Schau' Arnold, Du kränkst Papa und mich. Schließ' Dich doch nicht so ab. Meng' Dich ein bischen in die Gesellschaft. Sprich doch ein wenig mit den Leuten.

Dr. Kramer. Worüber soll ich sprechen?

Liane. Nun, worüber sie alle sprechen. Ueber Literatur — über . . .

Dr. Kramer. Ueber Literatur, sehr gut. Herr Hort, stellen Sie mich, bitte, einem Schriftsteller vor.

Georg. Einem Schriftsteller? Sofort, bitte. [Vorstellend.] Herr Doctor Kramer — Schriftsteller Aldo.

Der Schiller=Feind. Entschuldigen Sie, Herr Doctor, was halten Sie von Schiller?

Dr. Kramer. Von Schiller?

Der Schiller=Feind. Nun ja — von diesem Dramatiker.

Dr. Kramer. Was ich von ihm halte?

Der Schiller=Feind. Ich meine: Halten Sie ihn für ein Talent?

Dr. Kramer [vorsichtig]. Nun, ich glaube, eine gewisse Be= gabung für's Dramatische läßt sich ihm doch wohl nicht absprechen.

Der Schiller=Feind. Entschuldigen Sie, Herr Doctor, dann kann ich mit Ihnen nicht weitersprechen. Ich bin nämlich ein Feind von Schiller. Ich bin nämlich der Schiller=Feind. [Er dreht dem Doctor den Rücken.]

Dr. Kramer [zu Liane]. Du siehst, mein liebes Kind, es ist nicht so leicht, mit den Leuten von Literatur zu reden.

[Holdenau mit Konrad.]

Konrad. Gewiß, ich wurde Ihnen schon in Paris einmal vorgestellt.

Holdenau. Einbildung . . . junger Mann, Einbildung.

Konrad. Ich weiß Alles. Ich habe sofort Ihre Individualität in dem Bilde erkannt.

Holdenau. So? Nun, daran bin ich unschuldig.

Cocini [im Ueberzieher, den Cylinder in der Hand; er tritt zu Holdenau]. Bona sera.

Holdenau. Sie wollen uns verlassen?

Cocini. Beruflich... Ich habe darüber nachgedacht, wie Sie diesem Mädchen am sichersten und schnellsten näher treten könnten.

Holdenau. Sie haben nachgedacht. Wie freundlich von Ihnen!

Cocini. Das Einfachste ist, Sie malen sie. Sie laden sie zu sich ins Atelier und erklären sich ihr.

Holdenau. Das ist eine wunderbare Idee.

Cocini. Und wenn Sie sich ihr einmal erklärt haben, können Sie Ihre Maske fallen lassen. Sie wird den Baron Holdenau auch nicht verschmähen... Uebrigens.

Holdenau. Sie meinen?

Cocini. Uebrigens könnte ich Sie auch überraschen, wenn sie bei Ihnen ist, so daß sie dann compromittirt ist, wissen Sie. Dann kann Sie nicht mehr zurück. Wenn Sie wollen, überrasche ich Sie, Sie brauchen mir nur die Stunde zu bestimmen.

Holdenau. Sehr gut. Allein die Sache hat einen Haken.

Cocini. Was für einen?

Holdenau. Daß das Mädchen verlobt ist.

Cocini. Was verlobt? Mit wem?

Holdenau. Mit Ihnen.

Cocini. Aber was fällt Ihnen ein! Aber gar keine Idee...

Holdenau. Es ist so...

Cocini. Aber wirklich... Aber ich kann ja gar nicht verlobt sein. Ich fahre ja morgen nach dem Süden.

Holdenau. Sie fahren nach dem Süden?

Cocini. Ich fahre nach dem Süden. Weil ich krank bin. Lungenkrank. Wo kann ich mich verloben? Und wo würde sich dieses stolze Mädchen mit mir verloben! Nein, nein. Das Mädchen ist ganz frei, glauben Sie mir, Herr Baron.

Holdenau. Das ist mir aber ganz gleichgiltig.

Cocini. Erlauben Sie mir, Herr Baron, Sie haben doch gesagt, daß Sie dieses Mädchen schon seit zwei Jahren lieben.

Holdenau. Sie haben mich falsch verstanden, mein Lieber. Ich habe die Andere gemeint.

Cocini. Die Verheiratete?

Holdenau. Mittlerweile hat sie geheiratet — leider.

Cocini. Herr Baron, Sie sind ein Schwindler.

Holdenau. Sie sprechen in einer begreiflichen Aufregung.

Cocini. Ich werde nicht dulden, daß Sie einer verheirateten Frau nachstellen, ich habe Grundsätze, Herr Baron.

Holdenau. Für Andere —

Cocini. Ich werde Alles sagen.

Holdenau. Sie werden sagen, daß Sie Ihre Braut verheiraten wollten.

Cocini. Ah! Sie treiben mich in die Enge? Gut. Ich werde Sie zwingen, sich für Athalie zu entscheiden.

Holdenau. Ich bin neugierig, wie.

Cocini. Sehr einfach. Sie sind ein Baron und sind ein Maler. Wenn ich nun den Baron als Maler entlarve, so zwinge ich dadurch den Maler einzugestehen, daß er nur ein Baron ist. Hierauf aber wird man den Baron fragen, warum er sich für einen Maler ausgegeben. Und je nach seiner Antwort wird man entweder diesen sauberen Herrn, der sich in ein fremdes Haus unter fremdem Namen einschmuggelt, hinauswerfen — oder — oder er wird um die ledige Tochter anhalten. Ist das nicht klar?

Holdenau. Vollkommen. Aber wenn Sie so vorgehen werden, so werde ich den Wechsel gegen Sie geltend machen, den Sie mir in Mailand ausgestellt haben, und den ich vorsichtshalber bei mir trage.

Cocini. Machen Sie ihn geltend, Herr Baron. Ich werde ihn gewiß nicht bezahlen. Aber ich werde ihnen ein schönes Hochzeitsgeschenk kaufen, wenn Sie Fräulein Athalie heimführen.

Der Symbolist [tritt herzu]. Cocini, was sagen Sie zu dieser Geschichte mit dem Maler Walter? Das ist ein homme à femme dieser Walter. So wie ich. Ich bin auch ein homme à femme.

Cocini. Eine sehr lustige Geschichte. Und sie wird noch viel lustiger werden.

Der Symbolist. Charmantes Weib, diese Conturiel. Hab' sie auch einmal geliebt — in meiner Jugend.

Konrad [hinzutretend]. Dieser Conturiel muß ein Idiot sein. Glauben Sie nicht auch, Herr von Holdenau?

Holdenau. Er ist ein Ehemann, meine Herren. [Alle lachen.]

Dr. Kramer [der zugehört hat]. Sie finden diese Affaire so heiter, meine Herren? Ich finde so etwas sehr traurig.

Konrad. Kümmern wir uns nicht um den. Das ist ein ungebildeter Mensch.

Der Symbolist. Im Atelier des Jugendfreundes. Ha ha — [Sie lachen]. Köstlich!

Dr. Kramer. Verzeihen Sie, meine Herren, was erheitert Sie so sehr an dieser Sache? Daß man seinen Freund betrügt und die Frau eines Anderen verführt, finde ich nicht lustig und nicht köstlich, ich finde das — niederträchtig.

Cocini. Ich auch.

Der Symbolist [auf Dr. Kramer deutend]. Der Herr ist kostbar.

Dr. Kramer. Kostbar? So? Ich sehe eben in diesem Walter keinen Künstler und keinen homme à femme, ich sehe in ihm einen ganz gewöhnlichen ordinären Lumpen, der ins Zuchthaus gehört.

Konrad. Mäßigen Sie sich!

Dr. Kramer. Warum denn, mein Herr? Sind Sie vielleicht verwandt mit diesem Maler?

Konrad. Nein, aber —.

Cocini [leise zum Doctor]. Er steht neben Ihnen, dieser Maler Walter.

Dr. Kramer. Was?

Cocini [heimlich]. Dieser Holdenau ... Schwindel ... heißt gar nicht Holdenau ... Ihr Schwiegervater verbirgt ihn unter falschem Namen.

Dr. Kramer. Ah! —

Cocini. Ja. —

Dr. Kramer. Und meine Frau?

Cocini. Weiß von nichts. Niemand weiß davon. Also bezähmen Sie sich, Herr Doctor. Bona sera, Herr Doctor. Bona sera, Herr Baron [Leise zu Holdenau, auf den Doctor deutend.] Das ist nämlich der Mann. Gute Unterhaltung. Jetzt werden Sie Athalie bald liebgewinnen. Bona sera allerseits. [Freundlich winkend ab.]

Dr. Kramer. Ah, das geht zu weit. Ich werde ihn entlarven. Er muß aus dem Haus. [Zu der früheren Gruppe tretend.] Ich wiederhole Ihnen, meine Herren: dieser Maler ist ein Schurke.

Konrad. Mein Herr!

Holdenau [schließt lächelnd die Augen]. Lassen Sie ihn.

Dr. Kramer. Und ein Beweis dafür, daß ich doch nicht ganz allein dieser Meinung bin, ist die Thatsache, daß dieser Künstler bereits polizeilich verfolgt wird.

Holdenau. Wirklich?

Konrad. In der That?

Dr. Kramer. Wirklich. In der That. Die Herren scheinen das Abendblatt noch nicht gelesen zu haben.

Holdenau. Nein; aber das muß ja sehr interessant sein.

Dr. Kramer. Hochinteressant. Ich werde es Ihnen vorlesen. [Er greift in die Brusttasche.] Ich hab' es nicht bei mir. [Ruft.] Wilhelm! Wilhelm! — Ich werde es Ihnen allen vorlesen, meine Herren und Damen!

Wilhelm [kommt eilig]. Herr Doctor, ein Dienstmann hat diesen Brief soeben für den Herrn Doctor abgegeben —

Dr. Kramer. Schon gut. Bringen Sie einmal das Abendblatt.

Wilhelm. Herr Doctor, man läßt bitten, das Billet sofort zu lesen. Es handelt sich um einen Unglücksfall.

Liane. Um einen Unglücksfall! Geben Sie!

Dr. Kramer [wüthend]. Lassen Sie mich in Ruhe, zum Teufel. Holen Sie das Abendblatt!

Liane. Du willst mir etwas verheimlichen. [Sie reißt dem Doctor das Billet aus der Hand, überfliegt es.] Ah! Gott sei Dank! Ich habe Schlimmeres befürchtet. Die Lorion hat einen Anfall von Sinnesgestörtheit.

Alle Umstehenden. Die Lorion?

Liane. Im Delirium verlangt sie fortwährend nach Dir.

Alle [wie früher]. Im Delirium!

Liane. Doctor Robert läßt Dich bitten, sofort zu kommen, und er ladet Dich ein, die Nacht bei ihm zu verbringen, da Deine Anwesenheit im Laufe der Nacht vielleicht noch einmal nothwendig sein wird.

Holdenau. Famos!

v. Medinger. Wilhelm! Stock und Hut für den Herrn Doctor!

Liane. Da mußt Du natürlich sofort hinfahren.

v. Medinger. Darüber ist doch gar nichts zu reden! —

Dr. Kramer. Das habe ich mir gedacht, daß Ihr das sagen werdet.

Liane. Es ist Deine Pflicht. Sie stirbt vielleicht.

Dr. Kramer. Aber —

Holdenau. Es ist Ihre Pflicht, Herr Doctor, sie stirbt vielleicht!

Dr. Kramer. Aber —

Der Symbolist. Sie stirbt vielleicht!

Dr. Kramer [wüthend]. Aber — So darf ich denn gar kein Wort mehr reden? Weil es die Lorion ist, die um mich geschickt hat, nicht wahr? Weil sie Talent hat, nicht wahr?

Der Symbolist. Allerdings. Es hat nicht Jeder Talent.

Dr. Kramer. Aber Sie haben es?

Der Symbolist. Allerdings.

Dr. Kramer. Und Sie? Und Sie? Und Sie? Sie haben hier Alle Talent, nicht wahr?

Mehrere. Allerdings.

Dr. Kramer. Ja. Allerdings. Aber haben Sie schon einmal darüber nachgedacht, was das heutzutage heißt: Talent haben?

v. Medinger. Halte Dich nicht auf, lieber Arnold.

Holdenau. Herr Doctor, sie stirbt vielleicht. [Er hat Hut und Stock dem Diener abgenommen und sucht selbe dem Doctor aufzudrängen.]

Dr. Kramer. Ich will es Ihnen noch schnell sagen, was das heißt: Talent haben. — Talent haben, das heißt, in der angenehmen ökonomischen Lage zu sein, von Jugend auf allen seinen Schrullen und fixen Ideen nachhängen zu können, das heißt, alle seine Marotten und Schwächen großziehen, bis sie zu einer Eigenart verwachsen. Das heißt, zu faul sein zu ernster Arbeit, das heißt, zu eingebildet sein zum fleißigen Studiren, das heißt, zu schwach sein, den Lockungen des Vergnügens zu widerstehen, das heißt, zu herzlos sein, um für Andere zu leben! [v. Medinger und Liane suchen ihn am Weiterreden zu verhindern. Helma von Korwinsky ist in ein krampfhaftes Gelächter ausgebrochen. Der Symbolist klopft ihr den Rücken und ruft: Köstlich! Köstlich!]

Holdenau [wie oben]. Herr Doctor, sie stirbt vielleicht.

Dr. Kramer. Ja, meine Herren und Damen, das ist es, was man in diesem Hause Talent nennt. Das ist das Talent der Talentirten. Es ist eine faule, nichtsnutzige Ausrede. Und eine angenehme Ausrede fürwahr! Eine Ausrede für jede Gemeinheit, für jede Charakterlosigkeit. Sie können nichts lernen, denn Sie haben Talent, Sie können nicht erwerben, denn Sie sind zu Besserem geboren, Sie sind impertinent gegen anständige Menschen, denn Sie sind eine Individualität. Sie lassen sich von Ihren Eltern, von Ihren Frauen, von Ihren Kindern, von Ihren Bräuten erhalten und leben lustig mit fremdem Geld; denn Sie sind ein Künstler. Sie dürfen undankbar, hochmüthig, launenhaft sein, denn Sie sind eine Begabung. Sie verrathen Ihre Freunde, Sie betrügen Ihren Gatten, Sie verführen unsere Töchter, Sie drängen sich in das Glück unserer Ehen; denn Sie haben Talent! — Talent! Talent! Talent!

Holdenau [wie oben]. Sie stirbt vielleicht!

Dr. Kramer. Ich aber sage Ihnen, meine Herren und Damen, es muß nicht ein jeder Talent haben, um jeden Preis. Wir brauchen nicht so viel Talente. Wir brauchen anständige Menschen. Ein anständiger Mensch muß man sein. Und alles andere ist Schwindel! [Zu Holdenau, dem er Hut und Stock aus der Hand reißt.] Jawohl mein Herr! [Ab durch die Mitte. Holdenau sinkt angedonnert in einen Fauteuil.]

[Alles ist sprachlos, starr. Der geistreichste Mann, der im Vordergrund in seiner nachdenklichen Pose zugehört hat, bewegt sich langsam gegen die Mitte der Bühne. Alle Augen sind auf ihn gerichtet. Er wendet sich an Herrn v. Medinger, der sich auf seine Tochter stützt.]

Der geistreichste Mann [nach Vorbereitungen]. Hat dieser Herr nicht soeben eine Rede gehalten?

[Schallendes Gelächter. Man beglückwünscht ihn. Der geistreichste Mann wehrt ab.]

Vorhang.

Dritter Act.

Das Atelier im Pavillon. Rechts vorne eine Chaiselongue, mit einem weißen Bärenfell bedeckt. Links eine Staffelei. In der Mitte des Hintergrundes eine breite, hohe Flügelthüre zur Terrasse, die auf den Garten hinaus geht. Rechts durch den Wintergarten zur Haupttreppe in's Erdgeschoß. Links eine Thüre. In der linken Ecke eine kleinere Thüre, die zur Dienertreppe führt. In der rechten Ecke eine hölzerne Wendeltreppe, mit Schnitzwerk bekleidet, die ins obere Stockwerk führt. Die Flügelthüren zur Terrasse sind anfänglich weit geöffnet. Es ist Nacht. Die Bühne ist dunkel.

Holdenau und Hort aus dem Wintergarten. Hinter ihnen der Diener Jean.

Holdenau. Licht! [Der Diener dreht den elektrischen Hahn auf.]

Georg [auf den Diener deutend]. Wer ist das?

Holdenau. Mein Diener. Berühmte Maler haben immer einen Diener. [Erklärend.] Er hat sich mir heute Nachmittag angeboten, und da mich mein Kammerdiener neulich im Stiche ließ, nahm ich ihn gleich auf. [Zum Diener, der regungslos dasteht, weiterer Befehle gewärtig, herrisch.] Was stehen Sie da? [Der Diener macht ein verblüfftes Gesicht, zuckt die Achseln und beginnt langsam auf und ab zu gehen.]

Holdenau [zu Georg]. Ich habe Sie ersucht, mit mir die Gesellschaft zu verlassen, weil ich Sie um eine Gefälligkeit bitten will. Bis jetzt habe ich für Sie gearbeitet; jetzt können Sie etwas für mich thun.

Georg. Ich stehe zu Ihrer Verfügung.

Holdenau. Nehmen Sie ein Stück Kohle und zeichnen Sie mir mit ein paar Strichen Frau Lianens schönes Haupt —

Georg. Zu welchem Zweck?

Holdenau. Das werde ich Ihnen später erklären. [Georg geht zur Staffelei; Holdenau zum Diener, der noch immer langsam und gleichmüthig auf und ab geht]. Machen Sie ein bischen Unordnung.

Diener. Unordnung?

Holdenau. Un —ord —nung.

Diener. Sehr wohl. [Er wirft das Rauchtischchen um, schleudert ein Buch auf den Boden, stellt die Cigarretten und den Aschenbecher sorgfältig auf die Chaiselongue und setzt Holdenau's Cylinder der Apollobüste auf.]

Holdenau. Gehen Sie. — Bleiben Sie. Merken Sie auf: Es wird eine Dame kommen.

Diener. Aha!

Holdenau. Wie?

Diener. Ich sagte: Jawohl. Es wird eine Dame kommen. Jawohl.

Holdenau. Die Dame wird von der Gartenseite kommen.

Diener. Selbstverständlich. — Ist die Dame vom Hause, ich bitte?

Holdenau. Was? Ob sie —? [Ruhig.] Es ist eine fremde Dame.

Diener. Eine fremde Dame, jawohl.

Holdenau. Sie werden die Dame an der Gartentreppe erwarten.

Diener. Erwarten.

Holdenau. Und sowie die Dame die Treppe passirt hat, sperren Sie sie ab, nehmen den Schlüssel zu sich, stellen sich drunten an der Freitreppe auf und —

Diener. Und sage, der gnädige Herr sind nicht zu sprechen. Weiß schon. [Ab.]

Georg [treuherzig]. Ich danke Ihnen wirklich, Herr Baron, daß Sie so besorgt sind um den guten Ruf dieser Dame.

Holdenau. Nichts zu danken —

Georg. Sagen Sie das nicht. Wenn sie jetzt heraufkommt, werd' ich ihr sagen: Hier steht unser Wohlthäter. Sie thun viel für mich —

Holdenau. Wenn sie heraufkommt. Wer?

Georg. Nun, Fräulein Dita.

Holdenau. Was, Fräulein Dita kommt herauf — ins Atelier?

Georg. Ich dachte, Sie müßten es. Sie haben doch eben dem Diener Verhaltungsmaßregeln gegeben.

Holdenau. Aber nicht wegen Fräulein Dita. Wegen Frau Liane.

Georg. Was, Frau Liane kommt herauf — ins Atelier?

Holdenau. Ich hoffe.

Georg [entrüstet]. Ah dazu —

Holdenau. Zeichnen Sie weiter, ich bitte. Sie sagen selbst, ich hätte so viel für Sie gethan. Thun Sie nun auch etwas für mich.

4*

Zeichnen Sie! [Er wirft sich auf die Chaiselongue, nimmt eine Zeitung.]

Georg. Herr Baron —

Holdenau. Endlich komme ich dazu, die Details über mein Liebesabenteuer nachzulesen ... [Aus der Zeitung.] Also man verfolgt mich! Man verfolgt mich wirklich.

Georg. Wer verfolgt Sie?

Holdenau. Die Polizei. Wegen Entführung. Madame Renée Couturiel hinterließ einen Brief, in dem sie schrieb, sie folge meinem Rufe. Wenn sie meinem Rufe folgt, hab' ich sie entführt. Man hat einen Steckbrief erlassen, man verfolgt mich. Das ist mir unangenehm. Denn wenn man jetzt den echten Walter irgendwo in der Welt fest= nimmt, so bin ich hier blamirt.

Georg. Herr Baron, was soll das Alles? Was für Absichten haben Sie in diesem Hause? Warum zeichne ich dieses Bild?

Holdenau. Warum? Ich will es Ihnen sagen: [Er steht auf.] Weil Frau Liane so schön ist.

Georg. Das ist sie, in der That.

Holdenau. Sie hat Race, wie wir Künstler sagen. Und Frau Liane trägt heute Abend eine Purpurrose im schwarzen Haar. Haben Sie das bemerkt? Sie nahm sie erst, nachdem ihr Mann in so stürmischer Weise die Gesellschaft verlassen hatte. Haben Sie das bemerkt? Diese rothe Rose, sehen Sie, ist mir diese schöne Frau schon seit zwei Jahren schuldig. Und heute noch muß sie mein werden — die rothe Rose meine ich.

Georg. Frau Liane ist die Frau eines Anderen.

Holdenau. Das ist sehr unangenehm für den Anderen.

Georg. Wie, Sie schrecken vor der Heiligkeit der Ehe nicht zurück?

Holdenau. Mein junger Freund, ich habe mir dieses Zurück= schrecken abgewöhnt im Laufe der Jahre ... Uebrigens ist dieser Doctor Kramer ein Mann, den ich achten muß. Nach der Rede zu urtheilen, die er vor der Gesellschaft des Herrn kaiserlichen Rathes hielt, ist er einer der wenigen Vernünftigen in diesem Hause. Ich will ihm auch nicht nahetreten. Und es wird mich freuen, wenn ich durch Percy's Heirat in nähere Beziehung zu diesem Manne treten sollte. Aber schließlich, daß dieser Mann eine Frau geheiratet hat, die mir noch aus ihrer Mädchenzeit eine Rose schuldet: dafür kann ich nichts.

Georg [reißt die angefangene Zeichnung ab]. Aber ich gebe mich dazu nicht her.

Holdenau. Sie sind ein Kind. Es ist ein Spiel und dreht sich um eine Rose.

Georg. Nein, nein. Ich löse unseren Vertrag. Ich danke Ihnen für Ihre Bemühungen, die von soviel Erfolg gekrönt waren. Aber diese Art, in die Höhe zu kommen, ist ohnehin nicht meine Sache. Wenn Dita jetzt heraufkommt, sag' ich ihr Alles.

Holdenau. Sie werden ihr gar nichts sagen. Sie werden mir meinen Spaß nicht verderben. Denken Sie an Ihr Bild. Denken Sie an die Ausstellung. Der Präsident kann jeden Augenblick kommen.

Georg. Dem wird das Bild auch gefallen, wenn er weiß, daß es von mir ist.

Holdenau. Das glaube ich. Aber sicher ist, daß er es nie zu Gesicht bekommen wird, wenn man nicht glaubt, daß es von mir ist.

Georg [senkt den Kopf].

Holdenau. Sie werden also noch ein wenig schweigen.

Georg. Und einen Betrug weiter spinnen?

Holdenau. Betrug! Die Kunst ist überhaupt nur ein Betrug.

Georg. So sagen die, die mit der Kunst betrügen.

Liane [im Mantel; eine rothe Rose im Haar; kommt von rechts]. Hier bin ich, zeichnen Sie mich.

Holdenau [ihr entgegen]. O, holder Mai.

Liane. Sie sagten mir: Wenn Sie die unerhörten Beleidigungen Ihres Herrn Gemahls gutmachen wollen, so kommen Sie zu mir ins Atelier. — Da bin ich, um gut zu machen. Verzeihen Sie meinem Mann?

Holdenau [mit Würde]. Ich verzeihe ihm.

Liane. Also — zeichnen Sie mich.

Georg [verbeugt sich]. Gnädige Frau —

Liane. Nein, Sie müssen bleiben. Ich bin nur deshalb allein gekommen, weil ich wußte, daß Sie auch hier sind, und weil ich mir dachte, [lächelnd.] daß vielleicht auch meine jüngste Schwester ...

Georg. Ich bin im Wintergarten, gnädige Frau. [Ab.]

Liane. Wissen Sie, daß sich das eigentlich gar nicht schickt, daß ich so ganz allein um diese Zeit —?

Holdenau. O, meine Gnädige, ich setze mich darüber hinweg. — Uebrigens das, was sich schickt, das gilt nur für die gewöhnlichen, für die unbedeutenden Frauen —

Liane [verächtlich]. Für die Herdenweiber —

Holdenau. Jawohl. Für die Herdenweiber. Geniale Frauen aber können sich hinwegsetzen über das, was sich schickt.

Liane [sehr angenehm berührt]. Sie halten mich also für kein — Herdenweib? ... Mein Mann, sehen Sie, hält mich dafür. Mein Mann sagt, ich bin eine ganz gewöhnliche herzige kleine Frau. Ich will aber mehr sein. Und ich f ü h l e, daß ich mehr sein kann als so eine — gewöhnliche herzige kleine Frau ...

Holdenau. So etwas kann auch nur ein Ehemann sagen!

Liane. Also fangen Sie an. Warum fangen Sie nicht an?

Holdenau Was? [nachläßig]. Ach, diese paar Striche. Das ist das Wenigste. Die Hauptsache ist die Stimmung.

Liane. Und ist die Stimmung noch nicht da?

Holdenau. Die Stimmung kommt nicht immer, wenn man sie haben will. Sie kommt ungerufen und bezaubernd, wenn es ihr beliebt, und wenn sie kommt, beglückt sie uns wie die geliebte Frau ... Aber manchmal kommt sie gar nicht.

Liane. Das wird doch hoffentlich nicht gerade heute der Fall sein?

Holdenau. Nein, heute wird die Stimmung kommen. Ich fühle das. Denn sie kommt über uns mit einem Blicke aus zwei feurigen, dunklen Augen, sie kommt über uns, wenn wir den Mai mit Lächeln vor uns sehen und lächelnd uns des Mai erinnern ...

Liane. Sie ist schon da, nicht wahr? Wir können anfangen?

Holdenau. Noch nicht, meine Gnädige; so schnell kommt die Stimmung nicht. Aber sie kommt, wenn wir einer schönen Frau gegenüber sitzen und heimlich mit ihr plaudern.

Liane. Nun gut. Setzen Sie sich mir gegenüber und plaudern wir.

Holdenau. Ja, plaudern wir.

Liane [geht über die Bühne]. Aber mein Gott, wie sieht es denn bei Ihnen aus? Die Cigarretten auf der Chaiselongue! Gehören die Cigarretten auf die Chaiselongue? Der Cylinder auf der Apollobüste! Gehört der Cylinder auf die Apollobüste? Wahrhaftig, da sieht man gleich, daß man bei einem Künstler ist. Da muß eine Frau Ordnung machen.

Holdenau [sieht ihr sinnend zu]. Wie wohl thut es, eine sorgende Frauenhand um sich bemüht zu sehen!

Liane. Und das, was ist denn das? [Sie hat das abgerissene Bild aufgehoben.] Aber das bin ja ich! [Vorwurfsvoll.] Warum haben Sie das wieder zerrissen?

Holdenau. Es kam mir etwas in den Sinn und ich wurde traurig. Da zerriß ich die begonnene Zeichnung.

Liane. Was kam Ihnen in den Sinn?

Holdenau. Die Rose, die Sie im Haare tragen.

Liane. Und das machte Sie traurig?

Holdenau. Ja. Denn diese Rose erinnert mich an eine andere Rose, an eine andere Frau, die Ihnen ähnlich war, meine Gnädige, und die ich vor Jahren kennen lernte. Wer weiß, wenn ich nicht so kindisch gewesen wäre und sie nicht so dumm — wer weiß ... [Pause.]

Liane. Sagen Sie: Sie haben sie wohl sehr geliebt, diese Frau Conturiel?

Holdenau. Wen? Ah! Geliebt, o! Wie können Sie das glauben, gnädige Frau? Es war eine Verirrung.

Liane [freudig]. Ich wußte es ja: Bei einem Manne von Ihrer Bedeutung kann so etwas nur eine Verirrung sein!

Holdenau. Aber natürlich. [Bewegt.] Wenn wir Künstler fehlen, gnädige Frau, so geschieht es, weil wir nicht auf die richtige Frau getroffen sind ... Vielleicht auch, weil die Frau, auf die wir treffen, nie die richtige ist.

Liane [gedankenvoll]. O, ich verstehe diese Tragik.

Holdenau. Sie verstehen mich überhaupt sehr gut, wie es scheint.

Liane. O, ich verstehe Sie. Ihnen fehlt eine Frau, die Sie leitet und beräth ...

Holdenau. So ist es.

Liane. Die es gut und ehrlich mit Ihnen meint. Eine gute Frau nach all' den schlechten Frauen, die sich an Ihre Schönheit, an Ihre Jugend, an Ihren Ruhm gehängt —

Holdenau. So ist es.

Liane. Eine Freundin fehlt Ihnen, eine Egeria.

Holdenau. So ist es. Sie wissen, was mir fehlt. O, seien Sie es mir, was mir fehlt.

Liane. Ich? Ich bin nur eine kleine Frau, und Sie sind ein großer Künstler.

Holdenau. Nein, nein, meine Gnädige ... Ich bin kein ... [Er besinnt sich.] Sie sind keine kleine Frau. Sie sind eine geniale Frau!

Liane [geschmeichelt]. Ach, gehen Sie! Sie werden mich vergessen.

Holdenau. Ich werde Sie nie vergessen —

Liane. Wenn Sie erst wieder in Frankreich sind —

Holdenau. Ich werde nie mehr nach Frankreich gehen. Ich werde in Ihrer Nähe bleiben ...

Liane. Sie wollten mir zu Liebe ...

Holdenau. Mir zu Liebe ... Sie werden mich führen und berathen, Sie werden die **gute** Frau in meinem Leben sein, nach all' den schlechten Frauen. Sie werden meine Egeria sein ... Wollen Sie?

Liane. Wie können Sie fragen!

Holdenau. Wir werden Einer für den Andern leben.

Liane. Und Beide für die Kunst!

Holdenau. Die Kunst! O lassen Sie mich sprechen von der Kunst. [Er ergreift ihre Hand und hält sie fest.] Die edelsten Genüsse verschafft uns allein die Kunst! [Er ergreift ihre andere Hand.] Hätten wir nicht die Kunst, so wären wir nur ein Bettler. So aber sind wir ein König. [Er beugt sich zu ihr über.] Die Kunst, o lassen Sie mich — [Es klopft an der Thüre links.] Teufel!

Liane [zum Wintergarten]. Herr Georg! — Er ist nicht da.

Holdenau. Treten Sie auf einen Augenblick in den Wintergarten. Ich werde sehen, wer uns stört . . .

Liane. Und Sie haben nicht einmal noch angefangen . . . [Ab in den Wintergarten.]

Cocini [sperrt die Thüre zur Seitentreppe von außen auf. Er erscheint im Ueberrock, den Cylinder ein wenig schief auf dem Kopfe]. Bona sera . . .

Holdenau. Wie kommen Sie da her?

Cocini. Weil ich den Schlüssel habe. Weil ich oben [Er deutet auf die Wendeltreppe.] — wohne. Das wußten Sie wohl nicht?

Holdenau. Nein, das wußte ich nicht. Lassen Sie sich nicht stören, mein lieber Cocini, gute Nacht! —

Cocini. Gute Nacht! [Er trällert eine Offenbach'sche Arie und bewegt sich langsam gegen die Wendeltreppe. Dort wendet er sich um.] Haben Sie sich noch nicht anders besonnen?

Holdenau. Wie meinen Sie das?

Cocini. Wegen Athalie, meine ich.

Holdenau. Nein. Ich habe noch immer nicht die Absicht, mich um Ihre Braut zu bewerben.

Cocini. Gut. Reden wir nicht mehr davon . . . aber in diesem Falle möchte ich Ihnen eine Geschichte erzählen.

Holdenau. Erlauben Sie mir, ich will jetzt schlafen gehen. Sie werden mir diese Geschichte morgen erzählen.

Cocini. Sie haben Recht. Morgen. Es ist ja nur wegen der Rückkunft des Doctor Kramer.

Holdenau. Was? Wegen? —

Cocini. Sie wollen schlafen gehen. Gute Nacht.

Holdenau. Warten Sie ein wenig. Was ist es mit Doctor Kramer?

Cocini. Nichts von Bedeutung. Er ist nicht zur Lorion gefahren, das ist Alles. Das mit der Lorion war überhaupt nur ein Vorwand.

Holdenau. Ein Vorwand? . . .

Cocini. Ja. Aber ich halte Sie auf. Gute Nacht.

Holdenau. Erlauben Sie. Wieso wissen Sie, daß das nur ein Vorwand war?

Cocini. Das ist ja eben die Geschichte.

Holdenau. Na, so erzählen Sie sie!

Cocini [pikirt]. Ich bitte, sind Sie höflicher mit mir. Ich bin ein Künstler.

Holdenau. Also, ich bitte Sie, erzählen Sie.

Cocini. Also gut. Also, Sie wissen, ich verließ die Gesellschaft.

Holdenau. Ich weiß . . .

Cocini. Ich sagte, ich hätte geschäftlich zu thun —

Holdenau. Ich weiß.

Cocini. Und — ich hatte auch geschäftlich zu thun. Ich ging zu meinem Agenten. Wissen Sie, wo mein Agent wohnt?

Holdenau. Nein.

Cocini. Gleich gegenüber der Polizeidirection.

Holdenau. Ja.

Cocini. Im ersten Stock.

Holdenau. Ja —

Cocini. Ermüdet Sie meine Erzählung?

Holdenau. Nein.

Cocini. Ich sollte meinen Agenten abholen und mit ihm in eine Theatergesellschaft gehen. Dort wollte er mich Jemandem vorstellen. Ich holte ihn also ab —

Holdenau. Und gingen mit ihm in die Theatergesellschaft.

Cocini. Ich wollte es. Dabei mußten wir natürlich an der Polizeidirection vorüber.

Holdenau. Ja —

Cocini. Weil sie gegenüber der Wohnung des Agenten ist.

Holdenau. Ja.

Cocini. Vor der Polizeidirection sah ich unseren Wagen stehen. Ich fragte mich: Wie kommt unser Wagen hierher?

Holdenau. Sie hätten nicht sich, sondern den Kutscher fragen sollen.

Cocini. Das that ich auch. Er sagte mir, er sei mit Doctor Kramer da.

Holdenau. Mit Doctor Kramer?

Cocini. Das kam mir sonderbar vor. Ich glaube, das wäre Ihnen auch sonderbar vorgekommen.

Holdenau. Gewiß.

Cocini. Ich wartete also.

Holdenau. Nun, und Sie haben ihn gesehen?

Cocini. Ja. Nach einer Stunde kam er mit einem Polizei=Commissär heraus. Ich plauderte mit meinem Agenten.

Holdenau. Wie sah er aus?

Cocini. Nun, wie alle diese Agenten. Er bot mir ein Engagement an.

Holdenau. Der Doctor, meine ich.

Cocini. Kein besonderes Engagement. Aber annehmbar. Ich sagte: „Ich werde Ihnen bis morgen um 10 Uhr telegraphiren, ob ich annehme oder nicht".

Holdenau. Was wollte der Doctor auf der Polizeidirection?

Cocini. Das weiß ich nicht. Ich hörte nur, wie er zum Commissär sagte: „Es handelt sich darum, ihn zu überraschen".

Holdenau. Sagte er. Und dann?

Cocini. Und dann stiegen sie in den Wagen.

Holdenau. Auch der Commissär?

Cocini. Natürlich.

Holdenau Und wohin fuhren sie?

Cocini. Wohin sie fuhren?

Holdenau [rasend]. Ja.

Cocini. Na — hieher natürlich.

Holdenau. Hieher?

Cocini. Ja. Ich nahm mir gleichfalls einen Wagen und fuhr hinter ihnen her. Den Agenten schickte ich allein in die Theatergesellschaft. — Hier angelangt, begab sich der Doctor mit dem Commissär in sein Zimmer. Dort sind sie seit einer halben Stunde. Was er nur hier will? Wissen Sie vielleicht, was er hier will?

Holdenau. Wie soll ich das wissen!

Cocini. Ich weiß es auch nicht. Ich weiß nur, daß der Doctor wahnsinnig eifersüchtig sein soll. Als Bräutigam hat er einmal im Theater einen jungen Menschen, der seine Braut firirte, geohrfeigt, und hätte man ihn nicht entfernt, er hätte ihn erdrosselt. Ja wohl.

Holdenau [greift sich an den Hals]. So? —

Cocini. Ja, ja. — Angenehme Ruhe! [Geht langsam gegen die Wendeltreppe, wendet sich wieder um und kommt noch einmal zurück.] Was ich sagen wollte: Haben Sie vielleicht eine Cigarrette, Herr Baron?

Holdenau. Bitte sehr.

Cocini [zündet die Cigarrette behaglich an]. Also noch einmal angenehme Ruhe. Und Sie wissen ja, Herr Baron; für alle Fälle — Athalie. Bona sera. [Wohlwollend winkend langsam gegen die Wendeltreppe. Langsam steigt er die Treppe hinauf. Auf halber Höhe winkt er noch einmal Holdenau zu.]

Holdenau [ruft in den Wintergarten]. Gnädige Frau! Gnädige Frau! [Liane erscheint.] Ihr Herr Gemahl ist zurück. Cocini hat es mir soeben gesagt.

Liane Ah! — Da muß ich gleich hinuntergehen. Er wird mich suchen. Aber es ist schade!

Holdenau. Es ist sehr schade!

Liane. Sie werden mich morgen zeichnen?

Holdenau. Vielleicht . . . Wer weiß, wo ich morgen sein werde . . . Und wenn ich noch hier bin, wer weiß, ob Sie wieder zu mir kommen werden.

Liane [streckt ihm die Hand entgegen]. Ich werde wieder kommen.

Holdenau. Wer weiß . . . Aber heute waren Sie bei mir. Mit einer rothen Rose im Haar sind Sie zu mir gekommen. Wenn Sie mich jetzt verlassen, nehmen Sie die Rose nicht mit sich fort.

Laſſen Sie mir dieſe Blume, die Ihre Schönheit ſchmückte, als ein Andenken an dieſe ſchöne Stunde, als einen Beweis, daß Sie es ehrlich mit mir meinten, als ein Pfand Ihrer Freundſchaft, auf das ich mich berufen kann.

L i a n e. Hier. [Sie reicht ihm die Roſe.] Auf Wiederſehen!

H o l d e n a u [küßt ihr enthuſiaſtiſch die Hände]. Gnädige Frau . . . [Liane ab nach rechts. Holdenau befeſtigt die Roſe im Knopfloch ſeines Rockes, geht zum Spiegel. Triumphirend.] Alſo doch! [Er geht nach links in ſein Zimmer. Die Bühne bleibt einen Augenblick leer.]

D i t a [auf den Zehenſpitzen voran, aus der Thüre rechts; hinter ihr Georg]. Niemand hier? . . . Wir ſind allein.

G e o r g. Dita! [Er küßt ihre Hände.]

D i t a. Alſo hier bin ich. Im Atelier. Zur feſtgeſetzten Stunde. Bin ich nicht brav? Aber es iſt ſchwer gegangen. Papa ließ mich nicht aus den Augen, wie wenn er Etwas geahnt hätte. Da kam mir ein rettender Gedanke. „Papa", ſagte ich ganz erſchrocken, „ich habe mein Brillantenarmband in meinem Zimmer liegen laſſen". „Das mußt Du ſofort holen", ſagt Papa, „ſonſt wird es geſtohlen". „Ja Papa", ſage ich und laufe davon. [Sie greift in die Taſche, lächelnd.] Hier iſt es, das Brillantenarmband. Ich habe es nur in die Taſche geſteckt. Geben Sie mir es um.

G e o r g [legt ihr das Armband um].

D i t a. Das war eigentlich eine häßliche Lüge, nicht wahr?

G e o r g [erregt]. Zwingt man uns denn nicht zu lügen! Warum beleidigt mich Ihr Vater?

D i t a. Bitte, ſchreien Sie nicht. Ich bin ja doch nicht zu Ihnen gekommen, damit Sie mit mir ſchreien . . . Sie wollten mir ein Geheimnis verrathen . . .

G e o r g. Ja, ich wollte . . . Ich hätte es Ihnen ſo gerne geſagt . . . Aber ich darf es Ihnen nicht ſagen.

D i t a. Sie dürfen . . . Die Thüren ſind doch alle zu. [Sie probirt die Thüren.] Ja. Alſo reden Sie! . . . Na, reden Sie doch etwas.

G e o r g. Ich darf nicht, Dita . . . In unſerem beiderſeitigen Intereſſe . . .

D i t a. Und ich ſage Ihnen, Sie dürfen . . . Ich erlaube es Ihnen . . . In unſerem beiderſeitigen Intereſſe . . . [Lachend.] Ich weiß es ja ohnehin ſchon . . .

G e o r g. Wie, Sie wiſſen . . .

D i t a. Nein. Ich weiß nichts, ich weiß gar nichts. Aber ſchon als wir uns das erſte Mal ſahen, dachte ich mir . . .

G e o r g [lächelnd]. Was dachten Sie ſich?

Dita. Nichts dachte ich mir. Gar nichts dachte ich mir. Wenn Sie nicht wissen, was ich mir dachte, ich kann es Ihnen nicht sagen.

Georg [lächelnd]. Nein, Dita, das ist es nicht, was ich Ihnen sagen wollte ... Das ist ja auch schon lange kein Geheimnis mehr.

Dita. So? Was denn also ist es?

Georg. Dita ... Glauben Sie an mich?

Dita. Das weiß ich nicht. Ich hab' Sie gerne.

Georg. Ich meine: glauben Sie, daß ich Talent habe?

Dita. Darüber hab' ich eigentlich noch nie nachgedacht. Aber jedenfalls hätte ich Sie auch gerne, wenn Sie kein Talent hätten ...

Georg [ausbrechend]. Aber ich habe Talent. Und schon in wenigen Tagen werde ich ein anerkannter Künstler sein. Das Bild, das heute Nachmittag im Salon ausgestellt wurde, das von allen Leuten begafft und bewundert wird ...

Dita. Der Triumph des Talentes —

Georg. Ist von mir. Und Ihnen zuliebe hab' ich es gemalt.

Dita. Georg, ist das möglich?

Georg. Ja haben Sie denn das dem Bilde nicht angesehen? Es trägt ja Ihre Züge.

Dita. Ich hab' es überhaupt noch nicht angesehen ... [Einfach.] Ich wußte ja nicht, daß es von Ihnen ist.

Georg. Kommen Sie, wir wollen es zusammen ansehen. Für diesen Augenblick hab' ich gelebt, seit ich Sie kenne!

Dita. Ja, kommen Sie ...

Georg. Aber Sie müssen schweigen. Denn der Erfolg ist noch nicht entschieden. Wird er auch schweigen können, dieser süße, kleine Mund? ...

Dita. Er wird — [Sie lehnt sich leicht an seine Schulter und schließt aufatmend einen Augenblick lang die Augen.] Also kommen Sie, also zeigen Sie mir den Triumph des Talentes. [Sie bleibt stehen.] Der Triumph des Talentes ... Sagen Sie: Was ist das eigentlich, der Triumph des Talentes?

Georg. Das ist — wie soll ich Ihnen das nur erklären? ... [Er reißt sie an sich und küßt sie auf den Mund.] Das ist der Triumph des Talentes.

Dita [windet sich los]. Sie wollten mir das Bild zeigen, ich bitte — [Ab nach links, über die Dienertreppe.]

[Georg folgt ihr; Cocini läuft die Wendeltreppe herunter, vertritt ihm den Weg.]

Cocini [gibt Georg einen Brief]. Bitte, gib das Athalie.

Georg. Ja. [Er reißt ihm den Brief aus der Hand, ruft Dita nach.] Ich komme schon! [Ab.]

Cocini [sieht ihm nach]. Ah, Dita. — Ja, mein Lieber: sich mit seiner Geliebten zu verloben, das ist keine Kunst. Aber seine Geliebte mit einem Anderen zu verloben, das ist eine Kunst. [Er öffnet die Mittelthüre zur Terrasse.] So, hier. [Verbirgt sich auf der Terrasse.]

Liane [in fliegender Eile aus dem Wintergarten]. Herr Walter! Herr Walter!

Holdenau [erscheint in der Thüre seines Zimmers]. Holdenau, bitte, Holdenau . . . Ah, Sie sind es, schöne Frau! . . .

Liane. Sie sind entdeckt.

Holdenau. Wie?

Liane. Sie sind entdeckt. Die Polizei ist hinter Ihnen her. Ach, es ist wie in Ihrem Bilde Entführung: „Und hinter Ihnen jagen die Wölfe." — Es ist schauerlich. Ihr Diener —

Holdenau. Ist das auch ein Wolf?

Liane. Er ist ein Detectiv.

Holdenau [erschrickt leicht]. Verdammt.

Liane. Als ich die Treppe hinunter wollte, sah ich ihn unten mit einem Schutzmann patrouilliren. Ich verbarg mich hinter einem Taxus und belauschte ihr Gespräch. Kein Zweifel, es gilt Ihnen. Entfliehen Sie, es ist die höchste Zeit. Die Haupttreppe ist besetzt, aber hier, die Gartentreppe. [Sie stößt die Thüre zur Gartentreppe auf, prallt mit einem leichten Schrei zurück.] Ah!

Holdenau. Was haben Sie?

Liane. Die Spitze einer Pickelhaube, sehen Sie sie dort im Mondschein leuchten? — Sie sind umstellt!

Holdenau. Wir sind umstellt!

Liane. Verbergen Sie sich. Was wollen Sie sagen, wenn man Sie hier findet?

Holdenau. Das ist das Wenigste. Aber Sie, meine Gnädige, was wollen Sie sagen, wenn man Sie hier findet? — Unter den Wölfen ist auch Ihr Herr Gemahl.

Liane. Das ist das Wenigste. Verbergen Sie sich.

Holdenau. Nein, meine Gnädige. Sie setzen sich einer großen Gefahr aus. Ihr Mann soll sehr eifersüchtig sein . . .

Liane. O, er ist furchtbar, wenn er eifersüchtig wird.

Holdenau [greift sich an den Hals]. Und dem wollen Sie sich aussetzen! Was werden Sie Ihrem Manne sagen, wenn er Sie hier um Mitternacht allein in der Wohnung eines fremden Mannes trifft?

Liane. Sie sind kein Mann — Sie sind ein Künstler.

Holdenau. Ah! — Und das werden Sie ihm sagen?

Liane. Ich werde ihm sagen, was Sie mir vorhin sagten: Ich bin kein Herdenweib, ich bin eine geniale Frau . .

Holdenau. Und das wollen Sie Ihrem Manne sagen? Er wird sich nicht daran kehren. Er wird schreien: „Was hast Du hier zu suchen?"

Liane. Dann werde ich ihm die Wahrheit sagen: Ich wollte Dir eine Freude machen.

Holdenau. Wie? Sie wollten ihm eine Freude machen?

Liane. Ja. Denn mit der Zeichnung, die Sie von mir machen sollten, wollte ich meinen Mann an unserem Hochzeitstage überraschen.

Holdenau [niedergeschmettert]. Wa—as?

Liane [unschuldig]. Das ist doch sehr hübsch von mir?

Holdenau. Sehr hübsch.

Liane. Und er wird mir glauben. [Stolz.] Er weiß, daß er mir glauben darf.

Holdenau. So, weiß er das?

Liane. Wir verplaudern da die Zeit. Warum verbergen Sie sich nicht, ich bitte Sie!

Holdenau. Ich habe keine Eile. — Sie sind also nur zu mir gekommen, weil ich ein Maler bin?

Liane. Selbstverständlich. Als eine Verehrerin Ihres Talentes.

Holdenau. So? Und wenn ich nun zufällig kein Talent hätte und kein Maler wäre, da wäre ich Ihnen vollkommen gleichgiltig?

Liane [lacht]. Sie sind komisch, Herr Walter.

Holdenau [wild]. Ich heiße nicht Walter, ich heiße Holdenau.

Liane. Pardon — Herr Holdenau — Sie sind komisch.

Holdenau. So, Sie finden das komisch? Ich finde das durchaus nicht komisch, wenn Einer sich einbildet, eine Freundin zu haben, indeß das nur eine Kunde ist, wenn Einer eine rothe Rose aus einer theueren Hand bekommt und sie für ein duftendes Andenken nimmt, während es in Wirklichkeit nur ein gemeines Honorar ist. Ich finde das nicht komisch, ich nicht! [Er wirft ihr die Rose vor die Füße.] Da haben Sie es wieder, Ihr Honorar.

Liane [hebt die Rose auf]. Hier haben Sie es wieder, Ihr — Andenken. Ich habe Sie beleidigt, verzeihen Sie! Ich bin Ihre Freundin und will Ihre Freundin bleiben, auch wenn Sie mich nicht malen wollen.

Holdenau. Auch wenn ich überhaupt nicht malen könnte?

Liane. Welche Frage!

Holdenau. Gleichgiltig. Ich will es wissen. Ich will nicht um meines Pinsels, um meiner Palette geliebt werden, sondern um meiner Persönlichkeit willen.

Liane. Ich habe Ihnen um Ihrer Persönlichkeit willen die Rose geschenkt. Nicht dem Maler, sondern dem Menschen. Sind Sie jetzt zufrieden?

Holdenau. Jetzt bin ich zufrieden. Das wollte ich nur hören, meine Gnädige. Denn wissen Sie, ich bin gar kein Maler. Ich heiße Robert Baron von Holdenau und bin ein ganz gewöhnlicher Mensch, ohne jedes Talent.

Liane. Sie scherzen.

Holdenau. Ich bin ein ganz gewöhnlicher Mensch.

Liane. Sie wollen mich auf die Probe stellen.

Holdenau. Bei meiner Seligkeit: Ich bin ein gewöhnlicher Mensch.

Liane. Das ist ja nicht möglich.

Holdenau. Doch, doch, schöne Freundin.

Liane. Aber diese Bilder? ...

Holdenau. Von einem Anderen.

Liane. Und dieses Atelier?

Holdenau. Ein Mittel zum Zweck.

Liane. Und Ihr Versprechen, mich zu zeichnen?

Holdenau. Ein Vorwand.

Liane [kläglich]. Und warum dies Alles? —

Holdenau. Weil ich Sie liebe.

Liane. Um Himmelswillen!

Holdenau. Jawohl, und weil ich seit zwei Jahren auf den Augenblick warte, Ihnen das sagen zu können, schöne, angebetete Frau —

Liane. Um Himmelswillen, wenn jetzt mein Mann käme, dann wäre Alles aus!

Holdenau. Sie haben Recht, dann wäre Alles aus. Dann dürfte ich Sie nie mehr wiedersehen, dann dürfte ich Ihnen nicht mehr sagen, daß ich Sie schön und geistreich finde, und daß ich Sie vergöttere, seitdem ich Sie zum ersten Male sah. Deshalb verbergen Sie sich jetzt, ich bitte Sie, meine angebetete Freundin.

Liane [hervorbrechend]. Freundin! Sie sagten Freundin!

Holdenau. Sie sagten doch selbst, Ihre Freundschaft gilt dem Menschen in mir, nicht dem Künstler. Nun, meine Gnädige, der Mensch ist derselbe geblieben.

Liane. Ich Ihre Freundin, ich Ihre Freundin! Ja was glauben Sie denn eigentlich? —

Holdenau [unsicher]. O! ...

Liane [findet sich]. Sie wagen es, mich zu beleidigen, Sie wagen es, einer verheirateten Frau gegenüber, Sie wagen es, die Ehre meines Mannes ...? [Sie ringt nach Luft.]

Holdenau. Ich werde mich schlagen mit Ihrem Mann!

Liane [schneidend]. Das sähe Ihnen ähnlich. Eine Familie ins Unglück stürzen! Einen Mann in der Blüthe seiner Jahre ermorden

Holdenau. Familie ins Unglück stürzen! Einen Mann in der Blüthe seiner Jahre ermorden! Das liegt mir ferne. Was soll ich thun? Ich will Alles thun.

Liane [gebieterisch]. Sie werden sich nicht schlagen.

Holdenau [gefügig]. Ich werde mich nicht schlagen.

Liane. Sie werden — wenn Sie — kein Ehrloser sind...

Holdenau. O!... Ich werde —

Liane. Sie werden die Rolle weiterspielen, die Sie so geschickt inscenirt haben. Sie werden sich verhaften lassen.

Holdenau. Ich werde mich verhaften lassen.

Liane. Wie, wenn Sie der Maler Walter wirklich wären. Dann, wenn Sie vor dem Zorne meines Mannes in Sicherheit sind, können Sie sich ja legitimiren, daß Sie kein Künstler, sondern nur ein ganz gewöhnlicher Betrüger sind.

Holdenau. Ich will Alles thun, meine Gnädige, aber beruhigen Sie sich!

Liane [ringt nach Luft]. Die Rose, geben Sie die Rose zurück!

Holdenau. Das nicht, gnädige Frau. Diese Rose waren Sie mir schuldig. Sie wissen es nicht mehr, aber ich weiß es. Diese Rose bleibt mein, und wir sind quitt. [Es klopft an der Thüre von der Gartentreppe.] Verbergen Sie sich, ich bitte Sie. Ich werde mich verhaften lassen und Niemand wird erfahren, daß Sie bei mir waren.

Liane. Ich gehe nicht eher, bis Sie mir die Rose wiedergeben.

Holdenau. Ich bedauere.

Liane. Mein Mann wird Sie erdrosseln, wenn er mich hier findet.

Holdenau. Ich bin überzeugt davon. Aber wenn ich dann eine Leiche sein werde, wird man diese Rose bei mir finden, und das wird mich freuen.

Liane [wüthend]. Sie haben mir diese Rose entlockt. Ich — ich — ich verabscheue Sie.

Holdenau. Hier ist die Rose. — Sind Sie mir noch immer böse?

Liane [wirft die Rose zu Boden und zerstampft sie]. Ich Ihnen böse — ich verachte Sie! — [Ab in den Wintergarten.]

Holdenau [sieht die zertretene Rose an]. Arme Rose!... [Er geht zur Staffelei, greift sich an den Hals, stößt mit einer energischen Bewegung die Arme nach vorne und ruft entschlossen]. Herein!

[Athalie von der Dienertreppe.]

Holdenau. Gott sei Dank! [Ihr entgegen.]

Cocini [erscheint in der Thüre zur Terrasse]. Aha, jetzt freut er sich mit ihr! [Er spielt die ganze folgende Scene in der halbgeöffneten Thüre mit.]

A t h a l i e. Guten Abend, Herr Baron.

H o l d e n a u. Baron? —

C o c i n i. Wie er sich wundert!

A t h a l i e. Ich weiß Alles. Seit einer Viertelstunde. Cocini hat es mir geschrieben.

H o l d e n a u. Mein Fräulein, was hat Ihnen Cocini geschrieben?

A t h a l i e. Daß Sie nur eine Komödie spielen, Herr Baron, und daß Sie diese Komödie um meinetwillen spielen —

H o l d e n a u. Mein Fräulein —

A t h a l i e. Weil Sie mich schon seit Jahren kennen und —

H o l d e n a u. Was soll ich Ihnen darauf entgegnen?

C o c i n i. Was kann er darauf entgegnen?

A t h a l i e. Aber das macht ja nichts. Das macht ja gar nichts. Sie haben sich eben in mich verliebt. Es haben sich schon Viele in mich verliebt.

C o c i n i. Na also!

H o l d e n a u. Sie sind eine geniale Frau, mein Fräulein.

A t h a l i e. Natürlich. Und wenn ich Ihnen sagen werde: „Mein Herz ist nicht mehr frei", so werden Sie zurücktreten.

H o l d e n a u. Aber gewiß. Ich trete zurück. Ich bin schon zurückgetreten. Reden wir nicht mehr davon.

A t h a l i e. Im Gegentheil. Ich bin zu Ihnen gekommen, Herr Baron, um mit Ihnen darüber zu reden. Damit, daß Sie zurücktreten, ist noch nicht Alles gethan. Cocini ist der Verzweiflung nahe.

H o l d e n a u. So?

A t h a l i e. Urtheilen Sie selbst. Was sehen Sie in diesem Brief? [Sie reicht ihm ein Briefcouvert; Holdenau blickt hinein.]

H o l d e n a u. Einen Ring.

A t h a l i e. Cocini's Verlobungsring. Er hat mir ihn zurückgeschickt. In seiner Verzweiflung hat er mir ihn zurückgeschickt. Es ist Ihre Schuld, Herr Baron.

H o l d e n a u. Erlauben Sie mir —

A t h a l i e. Doch! Doch! Kennen Sie Cocini und sein Zartgefühl? Er fühlte sich verpflichtet, vor Ihrer Bewerbung zurückzutreten. Ein Anderer hätte einfach gesagt: Herr Baron, mit diesem Mädchen bin ich beinahe verlobt. Er hat gar nichts gesagt und mir meinen Ring zurückgeschickt. Er hält mich nicht, er gibt mich jederzeit frei! Er ist ja so edel!

H o l d e n a u. Er ist ein C h a r a k t e r!

A t h a l i e. Das ist er. Er will mir sogar einreden, daß er krank ist, um mich freizugeben. So edel ist er.

H o l d e n a u. Was Sie sagen!

Athalie. Und doch würde er es nicht überleben, wenn er mich verlieren würde!

Cocini. Wenn sie sich nur nicht solche Sachen einbilden würde.

Athalie. Kann die Blume ohne den Thau leben? So wenig kann Cocini ohne mich leben.

Holdenau. Ganz gut, mein Fräulein. Aber was soll ich thun?

Athalie. Sie müssen ihn wieder beruhigen.

Cocini. Das wird ihm nicht gelingen.

Holdenau. Recht gern. Aber wissen Sie, mein Fräulein, daß ich jetzt verhaftet werden soll?

Athalie. Ich weiß. Eben deshalb bin ich hier. Mit Ihrer Verhaftung hat der Scherz ein Ende. Sie werden Ihre Komödie rechtfertigen müssen.

Holdenau. Ich werde sie nicht rechtfertigen. Ich werde mich verhaften und abführen lassen. Das ist der einzige anständige Ausweg, der mir bleibt.

Athalie. Das dürfen Sie nicht, das würde Cocini nicht beruhigen. Sie müssen ihm ausreden, daß Sie sich überhaupt jemals um mich beworben haben.

Holdenau [verzweifelt]. Wie soll ich ihm das ausreden, mein Fräulein?

Athalie. Sehr einfach. Sie müssen sagen, der Scherz hätte nicht mir gegolten, sondern meiner Schwester Liane.

Holdenau [empört]. Mein Fräulein, eine verheiratete Frau...

Athalie. Gleichgiltig. Wenn Sie ein Ehrenmann sind, müssen Sie das sagen!

Holdenau. Und wenn der Mann Ihrer Schwester von mir Rechenschaft fordert?

Athalie. So müssen Sie sich mit ihm schlagen!

Holdenau. Wie? Eine ganze Familie ins Unglück stürzen? Einen Mann in der Blüthe seiner Jahre ermorden! Haben Sie das bedacht, mein Fräulein?

Athalie. Ein junges Glück zerstören, eine Verlobung vernichten! Einen hochbegabten jungen Künstler in den Tod treiben! Denn Cocini würde die Trennung von mir nicht überleben! Haben Sie das bedacht, mein Herr?

Holdenau. Mein Fräulein, haben Sie Erbarmen mit mir! In zwei Minuten kann die Polizei hier sein. Wenn ich mich verhaften lasse, bin ich ein Verbrecher, wenn ich mich nicht verhaften lasse, bin ich ein Ehrloser. Wenn ich ein Maler bin, bin ich ein Schurke, wenn ich ein Baron bin, bin ich ein Lump. Was soll ich thun? Wie soll ich mich benehmen?

Athalie. Das ist Ihre Sache, Herr Baron. Sie haben mich und meinen Verlobten entzweit, vereinigen Sie uns wieder. Wie Sie es machen, überlasse ich Ihnen. [Drohend.] Aber wenn Sie Cocini nicht dazu bringen, den Verlobungsring wieder anzunehmen, so werde ich aufstehen, Herr Baron, ich, und werde sagen, Sie hätten meiner Schwester nachgestellt ...

Cocini. Sehr gut.

Holdenau. Das werden Sie nicht thun, mein Fräulein.

Athalie. Vereinigen Sie uns wieder, oder ich thue es.

Holdenau. Ich werde mein Möglichstes thun, Sie zu vereinigen. Aber wenn ich nur wüßte, wie?

Cocini. Das möcht' ich auch wissen!

Holdenau [läuft auf und ab]. Ich bin ja Diplomat, es wird mir schon Etwas einfallen! ... Warten Sie einen Augenblick... [Man hört Stimmen hinter der Scene.] Die Polizei, das auch noch ... Wenn man Sie jetzt bei mir antrifft, Fräulein ...

Cocini [reibt sich vergnügt die Hände]. Dann ist sie compromittirt. Endlich begreift er, worum es sich handelt.

Holdenau [wendet sich rasch um und bemerkt dabei Cocini, der sich soeben zurückzieht]. Ha — alt! Ich vereinige Sie. Treten Sie hier ein, mein Fräulein. [Er drängt sie gegen die Thüre zur Terrasse.] Nur für wenige Augenblicke. [Die Thüre wird von außen zugeschlagen.] Das war nur der Wind. Geschwind, mein Fräulein, geschwind. Ich vereinige Sie mit Cocini, mein Cavaliersmort, ich vereinige Sie! [Er hat Athalie hinausgedrängt, schließt und verriegelt die Thüre. Aufathmend trocknet er sich die Stirne.] Jetzt darf ich mich verhaften lassen! Der Commissär, der Diener Jean als Detectiv, Dr. Kramer von links.

Holdenau [elegant]. Guten Abend, meine Herren.

Dr. Kramer. Ja, guten Abend. [Zum Commissär.] Hier haben Sie ihn, Herr Commissär, unseren großen Künstler. Glauben Sie nicht, Herr Commissär, daß mich irgend ein Motiv persönlicher Nachsucht zur Anzeige bewog. Ich glaubte nur meine Bürgerpflicht zu erfüllen. Und dann that ich es wegen meiner Frau. Meine Frau schwärmt nämlich für solche Leute. Sie soll geheilt werden von dieser Schwärmerei. Sie soll einsehen, daß das Talent die Charakterlosigkeit nicht entschuldigt, und daß man kein Künstler sein muß, um auf die Liebe und Achtung einer Frau Anspruch zu haben. Somit ist meine Rolle ausgespielt. Ich empfehle mich, Herr Commissär. [Er wendet sich zum Gehen.]

Holdenau. Herr Doctor! [Er verbeugt sich.]

Commissär. Ich muß Sie bitten, zu bleiben, Herr Doctor. Unsere Strafprozeßordnung schreibt vor, daß eine Hausdurchsuchung nur in Anwesenheit eines erwachsenen, männlichen Familienmitgliedes stattfinden kann.

Holdenau. Nehmen wir davon Umgang, Herr Commissär. Wozu sollen wir den Herrn Doctor noch länger aufhalten? Sie verhaften mich einfach und führen mich ab. Der Herr Doctor muß ja deshalb nicht in seiner Nachtruhe gestört werden.

Dr. Kramer. Sie scheinen sehr besorgt zu sein um meine Nachtruhe. [Zum Commissär.] Wenn es nothwendig ist, Herr Commissär, so bleibe ich.

Commissär. Es ist nothwendig. [Zu Holdenau.] Ich fordere Sie auf, alle meine Fragen wahrheitsgemäß zu beantworten.

Holdenau. Ich mache Sie darauf aufmerksam, Herr Commissär, daß ich alle Ihre Fragen mit Ja beantworten werde.

Commissär [zum Detectiv]. Nehmen Sie diese Bemerkung ins Protokoll auf.

Holdenau. Ich bitte darum.

Commissär. Sie heißen Gustav Walter.

Holdenau. Holdenau bitte — von Holdenau...

Commissär. Ich frage Sie: Heißen Sie Gustave Walter?

Holdenau. Sie fragen mich. Ja. Ich heiße Gustav Walter.

Commissär. Ihr Steckbrief enthält folgende Personalien: Gustav Walter, geboren —

Holdenau. Zu Leipzig im Jahre 1865, ich weiß schon —

Commissär. ... mittelgroß, mit starkem blonden Schnurrbart und Backenbart —

Holdenau. Backenbart? Herr Commissär, ich mache Sie unterthänigst darauf aufmerksam, daß ich keinen Backenbart habe.

Commissär. Schweigen Sie!

Detectiv. Den haben Sie sich einfach abnehmen lassen. Was? Wir Detective bringen Alles heraus.

Commissär. Gerade der Umstand, daß Sie keinen Backenbart haben, ist ein Beweis für Ihre Schuld. — Sie werden verfolgt wegen des Verbrechens der Entführung, begangen an Renée Couturiel —

Holdenau. Ich weiß schon —

Commissär. In der Nacht vom 23. auf den 24. überraschte der Bildhauer Couturiel seine Frau —

Holdenau. Ich weiß schon.

Commissär. Gestern Früh verließen Sie Paris. Heute Früh trafen Sie hier auf dem Westbahnhofe ein —

Detectiv. Seit diesem Augenblicke verfolge ich Sie.

Commissär. Wenige Stunden nach Ihnen verließ Frau Renée Couturiel das Haus ihres Gatten unter Zurücklassung eines Briefes...

Holdenau. Ich weiß schon...

Commissär. Da Renée Conturiel das Ziel Ihrer Reise kannte, ist anzunehmen, daß sie den besagten Gustav Walter bereits eingeholt habe —

Holdenau. Warum nicht? Sie hat mich eingeholt —

Commissär. Sie gestehen es also zu.

Holdenau. Aber ja. Sie hat mich eingeholt. Sind Sie jetzt fertig?

Commissär. Renée Conturiel, schlank, brünett —

Holdenau. Nur keine Details, ich bitte. Ich weiß schon —

Commissär. Erklären Sie sich identisch mit dem steckbrieflich verfolgten Individuum?

Holdenau. Aber ja. Verhaften Sie mich. Führen Sie mich ab·

Commissär. Noch nicht. Wo ist diese Frauensperson?

Holdenau. Frauensperson? Welche Frauensperson?

Detectiv. Nur kein Erstaunen. Wir Detective bringen Alles heraus. Diese Frauensperson hat Sie bereits eingeholt. Sie haben es selbst gestanden. Diese Frauensperson ist vor einer halben Stunde heimlich von der Gartenseite ins Atelier gekommen. Es war eine Fremde, Sie haben es selbst gesagt. Diese Frauensperson ist schlank, brünett, mit dunkelblauen Augen.

Dr. Kramer. [argwöhnisch]. Wo ist diese Frau?

Holdenau. Suchen Sie sie, ich bitte.

Detectiv. Die Ausgänge sind besetzt, sie kann nur hier sein. [Commissär und Detectiv probiren an den Thüren; Liane erscheint mit einem Schutzmann.]

Schutzmann. Herr Commissär, diese Dame wollte soeben den Pavillon verlassen.

Commissär. Na also!

Dr. Kramer. Um Gotteswillen!

Holdenau [greift sich an den Hals].

Liane [stürzt auf ihren Mann los]. Je t'en prie, mon cher ... Je ne peux pas m'expliquer devant tous ces hommes ... Je t'assure, il voulait me peindre ... [Sie sinkt ohnmächtig auf die Chaiselongue.]

Commissär [zu Holdenau]. Nun?

Holdenau. Herr Commissär, diese Dame ist eine Deutsche.

Commissär. Aber sie spricht französisch. Merkwürdig!

Liane [stöhnt]. Mon dieu! — Mon dieu! —

Detectiv. Sie stöhnt sogar französisch. —

Commissär. Was sagte sie?

Detectiv. Sie sagte, sie sei nur gekommen, weil er sie malen wollte.

Commissär. Sehr gut. Dasselbe hat sie ihrem Manne in Paris gesagt, als er sie im Atelier überraschte. Eine bequeme Ausrede, fürwahr...

Dr. Kramer. Herr Commissär, ich muß bitten —

Commissär. Ich bitte, Herr Doctor —

Dr. Kramer. Ich bitte, Herr Commissär —

Commissär. Ich bitte, Herr Doctor! — Urtheilen Sie selbst. Nehmen Sie an, Sie treffen eine Frauensperson um Mitternacht in der Wohnung eines fremden Mannes. Nehmen Sie an, diese Frauensperson wäre Ihre Frau. Und nun nehmen Sie weiter an, diese Frauensperson, die Ihre Frau ist, würde Ihnen, da Sie sich erzürnen, sagen, sie sei nur gekommen, um sich malen zu lassen. Was werden Sie thun?

Dr. Kramer. Ich werde den Mann erdrosseln. Allein diese Dame —

Commissär. Wir sprechen nicht von dieser Dame. Wir nehmen den Fall abstract an.

Dr. Kramer [wild]. Es widerstrebt mir aber, diesen Fall abstract anzunehmen, denn diese Dame ist meine Frau!

Commissär. Was?

Detectiv. Das ist ja wieder ganz etwas Anderes.

v. Medinger [durch die Mitte]. Herr Commissär, erlauben Sie mir, Sie zerstören meine ganze Soirée. Das Haus ist von Polizei besetzt und von meiner Familie ist Niemand zu sehen. Die Leute werden glauben, ich habe Wechsel gefälscht. Sie schauen mich auch Alle schon so mißtrauisch an und schleichen sich weg, ohne mir gute Nacht zu sagen. Und all' das, weil ich einen Künstler beherberge, der eine kleine Liebesaffaire hat, wie das vorzukommen pflegt, eine Dummheit, eine Kleinigkeit, eine unbedeutende Ausschweifung...

Dr. Kramer [außer sich vor Wuth]. Was? Eine Kleinigkeit? Was? [Er fährt auf Holdenau zu, der zurückweicht. Der Commissär und Detectiv halten ihn zurück.]

v. Medinger [zum Doctor]. Sei nicht so aufgeregt. Ich möchte wissen, warum Du so aufgeregt bist? Dich geht ja die ganze Geschichte nichts an. Mit welchem Recht mengst Du Dich überhaupt in die Privatverhältnisse meines Gastes? Heißt Du Couturiel? [Er wendet sich zum Commissär.] Aber mir ist das unangenehm, Herr Commissär. Die Hälfte meiner Gäste hat mir mein Schwiegersohn verscheucht mit seinem ganz unqualificirbaren Wuthausbruch. Die andere Hälfte verscheuchen Sie mir mit dieser Hausdurchsuchung. Und zu all dem ist gerade jetzt der Ausstellungspräsident, der Graf von Hohenheim, gekommen. Stellen Sie diese Hausdurchsuchung wenigstens auf solange ein, bis der Graf wieder fort ist. Er kann mich ohnehin nicht leiden, weil er mich um meinen Einfluß in Künstlerkreisen beneidet. Mein Einfluß in Künstlerkreisen! — Er ist vernichtet vom heutigen Tage an. Morgen wird sich ganz Wien erzählen, bei diesem Medinger verkehren nur Gauner und Hallunken.

Dr. Kramer [wüthend]. Und mit vollem Recht wird man das erzählen. Ist es denn nicht unerhört . . .

v. Medinger. Was hast Du denn? Du geberdest Dich wie ein Verrückter! Weißt Du, daß dieser Herr Dich auf Ehrenbeleidigung klagen kann? Hab' ich nicht Recht, Herr Commissär? Was bist Du denn so aufgeregt?

Dr. Kramer. Weil — weil, weil ich wissen will wie Deine Tochter, wie meine Frau um diese Zeit in die Wohnung eines fremden Mannes kommt. Weil ich das wissen will. Weil ich ihn erdrosseln will, diesen . . . [Man hält ihn zurück. Zu Liane.] Wie kommst Du hierher?

Liane. Ich bitte Dich, Arnold, beruhige Dich! Ich wollte mich malen lassen. Ich wollte Dich mit dem Bild überraschen.

Dr. Kramer. Und deshalb—?

Liane. Es war Papa's Idee.

v. Medinger. Natürlich, das begreifst Du wieder nicht. Weil Du gar kein Verständnis für die Kunst hast. Und das ist mein Schwiegersohn. Schäme Dich! Ich sag' es Dir vor allen Leuten: Schäme Dich!

Dr. Kramer. Wa—as? [Er findet keine Worte. Den Mund offen, sinkt er auf die Chaiselongue zurück.]

Georg und Dita.

Dita [fliegt v. Medinger an den Hals]. Papa! Papa!

v. Medinger. Was gibt es, mein Kind?

Dita. Der Graf von Hohenheim . . . Der Triumph des Talentes . . .

v. Medinger. Na, was denn? Was hat er denn gesagt?

Dita. „Ein Talent", hat er gesagt. „Ein sehr bedeutendes Talent!" Er wird das Bild in die Ausstellung bringen, er wird ihn protegiren, hat er gesagt.

v. Medinger. Und da hab' ich nicht dabei sein können! [zu Holdenau.] Nun, was sagen Sie? Was sagen Sie? Hab' ich das fein eingefädelt, was? Ja, ja, wenn ich Etwas gelernt hätte, ich wäre ein Molière geworden. Ist uns dieser alte Esel richtig ins Garn gegangen!

Georg [zu Holdenau]. Jetzt, Herr Baron, jetzt reden Sie.

Holdenau. Ich? Ich rede kein Wort. Ich soll jetzt verhaftet werden. Ich will jetzt verhaftet werden!

Dr. Kramer [erwacht aus seiner Erstarrung]. Was? Er redet noch? Er wagt es noch zu reden! [Er will sich neuerdings auf Holdenau stürzen.]

Liane [mit aufgehobenen Händen gegen Holdenau]. Ich bitte Sie, gehen Sie.

Holdenau. Sehr gerne, meine Gnädige. Aber man verhaftet mich ja nicht! Wollen Sie mich jetzt endlich einmal verhaften, Herr Commissär? Nein. [Er beginnt zu singen und geht auf und ab; Alles sieht ihn verblüfft an; er bleibt vor dem Commissär stehen.] Also verhaften Sie mich.

Commissär. Ich habe nur das Recht, Sie zu vernehmen und Sie beobachten zu lassen. Sie zu verhaften, habe ich kein Recht.

Holdenau [empört]. Was? Sie haben kein Recht, mich zu verhaften? Ja was glauben Sie denn eigentlich? Glauben Sie, Sie werden mich zum Besten haben? Wenn Sie mich nicht verhaften wollen, gehe ich einfach weg. [Er greift nach seinem Hut.]

Commissär. Halt!

Detectiv. Weggehen werden Sie auch nicht.

Georg. Ich werde statt Ihrer reden, Herr Baron. Herr kaiserlicher Rath, der „Triumph des Talents" ist nämlich von mir!

Liane. Arnold, ich bitte Dich, führ' mich weg ... Ich fühle mich unwohl ... Ich werde Dir Alles erklären ...

Dr. Kramer. Du bleibst!

v. Medinger. Was heißt das?

Holdenau. Er hat ganz Recht. Das Bild ist von ihm. Ich bin nämlich gar nicht der Maler Walter. Sie halten mich nur Alle für ihn. Ich weiß selbst nicht, warum. [Er reicht dem Commissär Papiere.] Hier, Herr Commissär, prüfen Sie meine Papiere. Sie werden daraus entnehmen, wer ich bin. [Zu v. Medinger.] Ich heiße Baron von Holdenau, bin ein guter Freund Ihres Sohnes Percy und bin gekommen, Herr kaiserlicher Rath, Ihnen die Verlobung Ihres Herrn Sohnes mit meiner Nichte, der Comtesse Olga Steinitz, mitzutheilen. Morgen kommt das junge Paar selbst. [Er greift in die Tasche.] Hier ist ein Brief von Percy. [Er reicht v. Medinger einen Brief.]

Detectiv [zum Commissär, nachdem er die Papiere geprüft]. Herr Commissär, Sie haben sich getäuscht. Ich hab' mir schon die ganze Zeit gedacht, er ist es nicht. Und er ist es auch nicht. Wir Detective bringen doch Alles heraus. [Ab mit dem Commissär.]

v. Medinger. Comtesse Steinitz! ... Hab' ich nicht gesagt, er arbeitet an etwas Großem? [Er öffnet den Brief.]

Dr. Kramer. Baron? So. So, Baron? Sie ... Sie glauben wohl, damit ist die Sache erledigt? Durchaus nicht, mein Herr! Sie waren mit meiner Frau allein. Sie werden mir Rechen=

schaft geben, Herr Baron. Wenn Sie mir aber keine Rechenschaft zu geben vermögen, [Er geht auf ihn los.] so werde ich Sie —

Holdenau. — erdrosseln. Ich weiß schon. Aber Sie sind in einem Irrthum befangen, Herr Doctor. Ich war nämlich gar nicht allein mit Ihrer verehrten Frau Gemahlin.

Dr. Kramer. So? Und wer war denn hier, als wir kamen?

Holdenau. Wer? [Er öffnet die Thüre zur Terrasse.] Fräulein Athalie. [Athalie wird im Mondlicht sichtbar; sie hält Cocini fest, der widerstrebt.] Und Cocini. Sie zogen sich zurück. Verlobte ziehen sich immer zurück. Verliebte Jugend, mein Gott! Das träumt im Mondenschein von seinem großen Glück! [Cocini klappert vor Kälte; Holdenau zu Cocini.] Na, wer ist jetzt verlobt?

Cocini [knirschend]. Elender —

Athalie. Jetzt zweifelst Du doch nicht mehr an meiner Liebe? Nach dem was Du selbst gehört hast, kannst Du ja nicht mehr zweifeln.

Cocini. Aber — aber — [Athalie zieht ihn nach vorne.]

Athalie. Und zudem verdoppelt Papa meine Mitgift.

Cocini. Aber — aber — ich habe Dich ja immer geliebt, Athalie! [Er reißt sie in seine Arme.]

Athalie. Und hast mich so gequält, Du Böser!

Dr. Kramer [zu Liane, mit der er gesprochen hat, während Holdenau zu v. Medinger getreten ist]. Er hat Dich also gefoppt? Und meine kleine, dumme Frau hat sich foppen lassen?

Liane. Hat sich mein großer, kluger Mann nicht auch foppen lassen? Sei mir darum nicht böse. — Und was ich sagen wollte —

Dr. Kramer. Na, was denn?

Liane. Unseren Hochzeitstag feiern wir zu Hause, nicht wahr?

Holdenau. Und nun, Herr Doctor, nachdem sich das Mißverständnis aufgeklärt hat, hoffe ich, daß Sie mir nicht länger das Vergnügen verweigern werden, die Hand eines Mannes zu drücken, dessen Charakter ich bewundere und verehre.

Dr. Kramer. Das Mißverständnis hat sich nur zwischen mir und meiner Frau aufgeklärt, weil ich meiner Frau voll und ganz vertraue. Was aber Sie anbelangt, mein Herr, so möchte ich vorerst wissen, was Sie dazu bewogen hat, dieses Mißverständnis zu veranlassen?

Holdenau [leichthin]. Ach, Sie meinen, warum . . . .

Cocini [schadenfroh]. Jetzt wird man Sie hinauswerfen.

Holdenau. Sie irren sich. —

v. Medinger. In der That, Herr Baron, was veranlaßte Sie zu dieser geistreichen Intrigue? War es nicht eine Idee von Percy? Percy hat manchmal solche Einfälle.

Holdenau. Sie fragen, Herr kaiserlicher Rath. Sie fragen, Herr Doctor. [Auf Georg deutend, mit Wärme.] Hier, [Er legt die Hand auf Georgs Schulter.] Hier. Bei meinem Eintritt in dieses Haus stellte mir Cocini einen jungen Künstler vor, der die Kunst nicht verstand, Carrière zu machen. Ihm hab' ich auf den Weg geholfen. Ein junges Glück hab' ich gegründet. Ein junges Talent hab' ich protegirt.

v. Medinger. Das ist ja eigentlich sehr schön. Junge Talente soll man immer protegiren. Ich hab' mich auch immer für Ihre Entwicklung interessirt, Herr Hort. Ich hab' auch immer gesagt: "Dieser junge Mann . . ."

Georg. Das ist wahr.

v. Medinger. Nur hielt ich Ihr Talent noch nicht für ganz reif. Es ist das sehr schwer zu bestimmen, bei einem jungen Talente, wann es reif ist. Ich war manchmal schroff gegen Sie, das ist wahr. Aber starke Talente, sehen Sie, muß man so behandeln. Und heimlich hab' ich Sie immer protegirt.

Cocini. Na, ich glaube, wir haben ihn Alle protegirt und es freut mich nur, daß wir ihn jetzt glücklich in die Höhe gebracht haben.
[Georg ist allmälig der Mittelpunkt der ganzen Gruppe geworden; man schüttelt ihm allseitig die Hände und beglückwünscht ihn.]

Georg [zu Dita, die lächelnd neben ihm steht]. Siehst Du, jetzt, wo ich oben bin, jetzt haben sie mich Alle protegirt.

[Vorhang.]